SURPRISING DISCOVERY

惊人的发现(2)

舒金元 著

目录

思维是怎样来的?

思维是人类意识活动的中心，正是有了思维，人类社会才有如此的繁荣。因此，我们就不能不问：思维是怎么来的?

思维问题，也是人类探索了数千年的问题，自然，这个问题不能不摆在我们面前。

有什么结构就有什么功能，思维是大脑的功能，因此我们先要了解大脑的结构。

我们已经介绍过，人脑有三个组成部分：爬行脑、哺乳脑、新皮层。

爬行脑的主要部分是脑干，脑干的功能主要是负责人的不经思考的先天性行为及本能活动。

哺乳脑：哺乳脑是在爬行脑的基础上形成的，因此哺乳脑与爬行脑的共同特征是负责不经思考的先天性行为，不同的是，它有了情感活动的控制。

新皮层：新皮层有很明显的进化层次，最先出现的是嗅觉性的，叫古皮质。它是在鱼类时出现的，主要的功能是调节内脏活动。随着动物的进化不断地出现新皮质，到了爬行动物就有了非嗅觉性的新皮质；到了哺乳动物，新皮质已逐渐占据了主导地位；到了人类，新皮质占据了所有皮质的96%，很小一块的古皮质挤到了脑的底部。

由此可见，人脑的结构是在动物脑的结构上形成的。同样，人脑的功能也是在动物脑的功能上进化来的，因此人的思维既有与动物相同的地方，又有不相同的地方。

人脑的一个显著特点就是能够把思维对象概念化，从而得到逻辑判断，这被人们称为抽象思维。

形象思维是人脑思维的另一个重要方式。而形象思维不仅存在于人脑中，更是动物思维的主要方式，形象思维的特点是思维对象的直觉化，我们称它为直觉思维。

由此，我们要了解思维是怎样来的，就必须了解形象思维是怎样来的，也就是说，了解形象思维就必须了解动物的思维是怎样来的。

那么，动物的思维是怎样来的呢？

动物的思维是不是与生俱来的呢？不是，动物的思维也是一步步进化来的。因此，了解动物的思维又要从动物的起源开始。

动物的起源始于反应，正是生物对环境如阳光照射有了规律性的定时反应从而有了反应意识，使得生物能够移动而演化成了能动的生物——动物。

正是反应意识的出现而有了动物。意识的形成才能有动物。所有的动物都是有意识的，只不过最初的意识只能对外界环境被动地反应而已。所有的动物能够生存、能够活动，都是由其反应意识形成的条件反射而有了生活节律。动物的生活节律是反应意识的结果，从而最初的动物根本不需要思维就能够生存。这种反应意识充分表现在低等动物中，也就是在脑结构中只有古皮层的动物。

由此可见，意识决定了动物的生存，正因为意识能够决定动物的生存，随着动物生存条件的变化，意识也跟着有了变化。

从寒武纪开始，动物世界发生了惊人的变化，良好的生态环境使得地球上出现了大批的各种类的动物。各种动物由于其生理特点不同它们的生存环境也不同，因此就有了同类和异类。而不管是同类还是异类它们都要新陈代谢，都要寻找食物，这样，各种动物就会不期而遇。第一次见面至关重要，你不知我的底细，我也不知你的能力，可是强大的食欲使动物必然要有争斗，被打败的被食肉的一定会留下痛苦的记忆，以后一碰见强者就赶快逃奔，所以动物最有能耐的就是跑。

强大的食肉动物看见有可食之物就一定喜爱，从而奋起直追；而弱小动物一碰见强大的食肉动物就害怕，从而马上选择逃跑。这是所有有眼睛的动物必然要经过的生存斗争。

这种生存斗争就带来了动物意识的变化，有被自己所食的就快乐，自己有被它物所食的就害怕。这可以从脑科学中得到证明，人脑结构中有两个意识中心：一是恐惧，二是快乐。

无论是快乐还是害怕，都必须选择是逃还是追，这种选择是要靠思考来进行，这种思考只有经过一次或多次才能形成条件反射，从而变成先天性动作。

由此可见，是选择带来了思维，而选择又是生存压力带来的，是环境所逼迫来的，也就是说，思维是动物生存的必然结果。它是动物自然生存的产物，在自然生存斗争中，动物必须选择，从而必须思维。

那么，是不是所有的动物都有思维呢？

不是的，思维是神经细胞的产物，它必须是经常性地不断地选择才能形成一定的脑结构功能。而正是高等动物才能有一定的思维能力。这是为什么？为什么不是所有的动物都有直觉思维呢？

要知道，这个问题一定要从动物的进化才能解答。

动物的形成是由于生物细胞转化为神经细胞而有了意识，正是因为有了意识生物才会自主移动，也正是移动使得生命开始一步步地进化。

动物的进化是从开口开始的。

因为移动，动物的前端就会受到更多的外界刺激，从而更多的敏感细胞就会集中在身子的前端部分，由于移动是振荡伸缩性的，所以出头之日会随着更多的一代又一代的移动而慢慢地出现。

由于动物的移动来源于振荡，不断的振荡就会产生出心脏，所以心脏一定是所有内脏器官中最先出现的，而紧连心脏的就是胃，因为要新陈代谢，因为动物总是在移动，也就是说，总是在一定时间内消耗能量，胃随着开口会同时形成，同时形成的还有肺，所以开口对于动物来说至关重要。

身子的前端部分集合了更多的敏感细胞，即神经细胞，神经细胞所需的能量超过任何细胞，因此头部就需要更多的能量才能保证它的移动，而正是头部更多的移动和摆动开了口，从而有了嘴，因为移动和摆动是振荡性的、有规律的一前一后，一上一下，所以嘴不仅有它的深度和宽度，还有它的舌一伸一缩。由此可见，振荡是生命的动力。

对动物来说，振荡装置不可缺少。正因为有振荡装置，动物才能发出声音，而嘴巴又是声音最好的载体，所以从有了嘴巴，动物的进化就走上了一个新台阶，动物可以用嘴巴发出声音来交流，这就大大地推动了物种的形成及进化。

嘴巴的出现是动物进化史上的大事，从而奠定了动物进化的基础。这表现在两个方面：一方面由于动物新陈代谢的器官基本形成，动物有了新陈代谢的自动反应机制，从而动物能够自主生存；另一方面，新陈代谢自动反应机制的形成使得动物能够在生存机制的基础上得以进化，于是你可以看见动物世界千姿百态。

从动物生存的反应机制来看，动物没有思维，它们的生存完全是靠反应机制来完成的，所有的活动都是按照反应机制形成的生活节律来展开的。

我们的内脏活动不受大脑的控制也正在于此。所以我们是从动物进化而来的，思维也不例外。动物生存的反应机制的标志是内脏器官的形成。而嘴是内脏器官的伴生物，同时也表现出开口是动物新陈代谢的必然产物。从而，嘴就能够反过来又促进动物的新陈代谢。

内脏器官和嘴的形成扩展了动物的新陈代谢的功能，功能的不断改善会引起动物结构上的变化，这也表现在两个方面：

一方面，由于器官新陈代谢的专业分工，使得动物新陈代谢更为精细和强大，各种动物新陈代谢功能的不同其体型体质也大不相同。正是这一点，使得动物体不断地长大，最大的动物可达数千公斤以上，如海里的鲸。正是这一点，使得各种动物的生理特点能够固定下来。

另一个方面，嘴与内脏器官共同促进从而完成了动物有序的系统性新陈代谢功能，正因为互相促进，使得嘴进一步进化出它的附生物。那就是鼻子和舌头。

鼻子和舌头的出现不是简单的新陈代谢功能，它正是动物思维的起源。

由于动物新陈代谢功能的加强，嘴呼吸气的功能得到分化，鼻子在嘴边应运而生，成为专门的气孔。同样，新陈代谢功能的精细化使得嘴的中间部位出现了舌头用以区别进口食物的味道，正是鼻子的嗅觉和舌头的味觉使得动物有了感觉，感觉使得动物的生存能力大大提高，很多的动物可以通过气味来交流，更多的动物可以通过味觉来选择食物。

感觉是动物从反应意识进化到自然意识的标志，从而反映出动物进化到一个新的阶段。

感觉的形成是以嗅觉和味觉为标志的，所以我们说，感觉是思维的起源，因为嗅觉和味觉与痛、痒等感觉不同，嗅觉和味觉的感觉是主动的、有选择的，选择是思维的主要特征，正是有了嗅觉和味觉这样的有选择，它就有了思维的起源。

但是，感觉虽然是动物思维的起源，它却还没有形成真正的思维。思维是功能，它必须有思维的物质结构，而鼻子和舌头不是思维的物质结构，它只是感觉的载体。

思维的完全形成是从眼睛开始的。

眼睛的出现极大地提高了动物生存的能力，根本改变了动物的选择性，动物不仅依靠嗅觉和味觉，更重要的是用视觉来选择食物。选择功能的多样化使得动物的思维也多样化，从而思维会随着眼睛的进化而进化。

眼睛进化越好的动物其思维能力就越好，从而智力就越高。这从鸟类、从猿类动物均可以看出来。

思维的进化与眼睛有着直接的关系是显而易见的，但思维的形成却是自然法则的必然结果，因为自然生存的一个规律就是群体，正是群体活动，正是动物之间不可分离的关系，使得动物在自然界的生存中有了食物链，正是在食物链的形成过程中动物的思维得以形成。对于眼睛好的动物来说更是如此。

生态环境的变化带来了动物生存的良机，新物种不断地出现，种群不断地扩大，这一方面提供了更多的食物；另一方面促使动物又不断地寻找新的生活空间，从海洋到江河再到山涧溪流，从平地到森林再到不毛之地的沙漠，到处都有动物的行迹，老的物种在繁衍，新的物种匆匆冒出，为了食欲，为了性欲，动物一定要相见、一定要相争，正是相见又相争使得动物能够生存下去，也正是相见又相争使得动物有了更多的选择，从而锻炼着它们的体力和智力。这种智力表现在动物的选择即思维上，这种思维是生存的需要，从而这种锻炼就是生存的自然压力，所以它是围绕着食欲和性欲来思维的，因而这种思维就老是围绕着这个圈子来转动，这种思维就必然是习惯性的，所以所有动物的思维都是在直觉的基础上形成的。

直觉最重要的就是眼睛所见到的，以前看见过你，而且还与你相争过，以后再碰见你就自然知道如何选择——是逃还是追。这就叫做形象思维。

这种形象思维被生存环境固定了，它只有回想或联想，而不需要再思考就能作出反应，也就是说，生存环境不改变，动物的思维方式也不会改变，所以有人会认为动物没有思维。思维只有高等动物才有，这与它们的脑结构是相称的，有脑结构的动物一般都有思维，没有成脑的动物只有直觉。

但判断动物有没有形象思维并不是以脑结构为准，而是以眼睛的进化为根据的。

低等动物靠直觉来生存，高等动物既靠直觉又靠形象思维来生存。人类既靠直觉也靠形象思维还靠抽象思维来生存，所以科学家会提出三位一体的脑结构说。

现在我们来看高等动物是如何既靠直觉又靠形象思维来生存的。

东北大学野生动物资源学院的研究人员对一种名叫红星的松鼠进行了长期的研究，通过对松鼠活动的长期观察得到多方面的动物生存的能力及它们活动的规律。

秋天来了，红星松鼠开始了储藏松子的活动，为了食物，也就是为了生存，红星每天都在勤劳地工作，它的工作是这样的有序，它把松塔上的松子磕下来，然后搬到它巢穴附近的地上，趴一小坑，把松子埋藏起来，然后又把小坑用土和树叶盖上，最后它还用爪子拍拍上面。冬天来了，红星就开始了它的取食，红星有六个巢穴，在这六个巢穴附近都埋藏了松子。

在数百甚至数千个埋藏地点，红星能够准确地从巢穴直奔有松子的坑，实在是令人惊奇，所以人们会把松鼠称为精灵，因为极少有像松鼠这样的动物知道储存食物以备后用，绝大多数动物都是有一顿吃一餐，不会想到下一餐。并且，松鼠还能在难以计数的小坑中找到它埋松子的地方。实际上松鼠之所以能够储藏食物并不是它有什么的智慧，它所以能够储藏食物是由它特定的生存环境所决定的。它的食物与其他动物大不相同，松鼠就住在松树上，松子就在它的眼底下，它每天都看着松子长大，又每天看着松子掉在松树下。在看到松子又被地上的物体如土、树叶自动把松子埋没，松鼠要吃松子就会趴开土取出松子，渐渐地松鼠又翻又趴就成了习惯。

可是，松鼠又是怎样将之进一步转化为主动行为呢？这是由于松鼠的进化带来的，因为松鼠常常看见松子被埋，自己为了吃到松子就会翻动，这就形成了松鼠的直觉，正是在这种直觉随着松鼠脑的形成就有了直觉思维，正是松鼠有直觉思维，为了有更多的松子吃，它就能自己从被埋的松子中由被动行为自然地转到主动行为。

松鼠的直觉是基础，思维是在直觉上产生，所有的高等动物的思维都是在直觉的基础上产生出来的。

我们进一步看研究人员的实验。研究人员把一个松塔放在一个开口的铁笼里。松塔放在铁笼的一头，在这一头，松塔离铁笼边是 10 厘米，另一头离松塔有 50 厘米，但是有一个 60 厘米宽的进口的地方，但红星看见笼里的松塔时，它总是在没有进口的这一头打转，总是不知道从开口的地方进去。研究人员没有办法，又做了一个一样的铁笼并排放在那个铁笼旁，红星转了一会儿，才知道从新的铁笼进口进去，就是不知道从原来的铁笼进口进去，多么奇怪？这就是直觉的问题，红星习惯了在松塔最近的地方转，它只看见松塔看不见进口，甚至它瞧都不愿瞧一眼，当它远离了松塔就会走进开口的地方，这是明显的形象思维，在红星的视觉中只见松塔，它只能围绕着松塔来动、来思维。

形象思维是动物思维的主要方式，它是在眼睛出现后才会有的，因为形象思维是依赖于思维对象的形象化，所以形象化就是动物思维的基本功能，动物正是靠对象在视觉中的印象才能选择判断。

任何有脑的动物思维都主要是在视觉的基础上产生。正是因为动物有了脑，它才能有神经系统，而视神经与脑神经直接相连，这就构建了动物思维的结构，正是有了这个脑结构，动物才有了思维的功能，从而才能使它们进行更复杂的生存活动。

红星松鼠能够埋藏松子并能很准确地找到被埋的松子，就是靠形象思维。

动作是进化的工具，因此从动物的动作就可以了解进化，红星松鼠在埋藏松子后有一个用爪子拍打地表面的动作，正如研究人员所说：这是进化来的，这个动作正是红星松鼠对对象形象化的典型动作，正是通过拍打地面使红星松鼠有了对埋藏点的更深的印象。

但是，红星松鼠光靠对埋藏地点的印象是不可能从它居住的地方直奔埋藏地点的，这个拍打的动作只能使它找到埋藏点。

红星松鼠能够按照路线图似的走出一条“鼠道”，这是为什么？

研究人员说，是记忆。对！正是记忆，红星松鼠才能够完成它埋藏及取回松子的全部过程。

那么，是什么记忆如此神奇呢？

因此，我们就必须了解记忆，因为所有的思维都离不开记忆。没有记忆就不会有思维。

记忆的产生同样来源于自然法则。因为记忆是在反应的基础上产生的，由于所有的物体都有反应的天性，正是地球上的物体对外部环境如太阳有了周期性的反应，使得生物有了反射性记忆。

万物为什么能够生长？就是这反射性记忆，正是生物所具有的反射性记忆，只要是相同的条件，无论生物搬到任何地方，就是到了实验室，它还一样的生长。所有的植物，所有的动物，还有人类，都有反射性记忆，正是凭着这个反射性记忆，植物才能生长得更茂盛。正是凭着这个反射性记忆，动物才能进化，人类才能更繁盛。

基因正是记忆的载体。因此，反射性记忆记载着不同植物、不同动物生长的环境，同时反射性记忆的强弱也决定着植物的繁茂，决定着动物进化的程度。同样，反射性记忆也反映出人一定的思维能力。反射性记忆是一切生物的根本，不同的反射方式反映出生物不同的层次。

植物的反射是被动地接受外界的刺激，动物的反射是能动的，因为所有的动物都是有意识的，所以深海中有的植物是不能划为动物的，因为所有的动物都必须是有意识的，不会自主移动的一定不是动物，尽管这些植物与动物有相似的地方。

判断是否动物的唯一标志就是能否自主移动，这同时也是反射性记忆在不同生物中的不同表现。

不同的反射方式反映出不同物种的生存方式，同时也决定动物进化的程度。无脊柱的无脑的低等动物只能是有反射性记忆，它们的反射方式不可能进化到有思维能力的高等动物，也不可能形成有神经系统的大脑。正是动物不同的反射性记忆才会有各种动物不同的功能，候鸟为什么总是不会迷路而准确地飞到目的地？蛇为什么能够有如此好的嗅觉？蜜蜂为什么总是不迷失方向？等等、等等，全是反射性记忆的作用，没有任何的神奇。

红星松鼠能够直达它埋藏松子的地方，也是反射性记忆的功劳，只不过红星松鼠进化到了有形象记忆的脑，从而反射性记忆让它有了路线图，而形象记忆又让它准确地找到埋藏松子的位置，多么灵巧的记忆！

我们在《意识的进化》一文中已经揭示了记忆有三种方式：一是反射性、二是形象性（映象）、三是抽象性。

反射性记忆是所有生物共有的，它的特点就是在环境刺激下产生。形象记忆是高等动物才有的，它的特点就是通过视觉把对象形象化。抽象记忆是人特有的，它的特点就是把对象概念化。

由于反射性记忆是在外部环境刺激下才会产生，所以红星松鼠总是在不停地埋藏松子，而且一个地方要来回跑几次，这就产生了反射性记忆，反射性记忆很重要的内容就是它的距离感和方向感，所以红星松鼠埋藏松子的地方必须离它居住地不远的地方。

由于形象记忆是把对象形象化，所以形象记忆不仅有它的时间性，最重要的是，如果对象的形象改变了，记忆就要失忆，所以随着时间越久，埋藏松子的地方表面就会有越大的变化，其形象就会受到损坏，因此红星松鼠越到后期，它就会越难找到它埋藏松子的地方，越靠前期，它越能准确地找到它埋藏松子的地方。

在反射性记忆和形象记忆的基础上进化到抽象记忆是人类思维能力的集中表现，同时也是人类智力发展的必然结果，这个结果是人类在原始社会制作工具中产生的，我们在《人的智慧是从哪里来的》一文中已有表述。

从上述可见，不同的记忆方式表明生物不同的层次，同时也决定着生物的生长，而思维正是在记忆的基础上才能形成。因此，我们还得进一步了解记忆。

记忆是自然演化的产物，它标明自然法则中反应的必然结果。它是物种在自然环境中经外部环境长期刺激的产物。正是这种对外部环境的反应使得生物有了生物钟，从而生物的生长及其活动都是由生物钟来完成的，而生物钟的主要功能就是记忆。所以，记忆既能够决定生物的生长，又能够决定着动物的进化及其活动。因此，作为动物的睡眠行为就是反应机制的记忆功能使得动物安然入睡，而反射性记忆使得动物有了慢波睡眠。由于进化是在反应机制的记忆中进行，动物脑结构的形成与记忆密不可分，这就有了形象记忆，正是在形象记忆的基础上产生了思维，也就是形象思维，也正是形象记忆使得动物有了快眼动相睡眠。

从上面的分析中，我们对思维已经有了清楚的了解，思维与记忆紧密联系，没有记忆就没有思维，思维总是在记忆中进行，因此记忆决定思维，有什么样的记忆就有什么样的思维。

反射性记忆是动物最初的记忆，所以它带来了动物最初的思维，最初的思维是在感觉中产生，因此它与感觉器官相联系，动物的嘴与舌，还有鼻子以及皮层使得动物有了味觉、嗅觉、触觉，正是这些感官使得动物有了辨别，从而有了选择。辨别和选择是要经过思维的，同时辨别和选择也是思维的基本功能，所以动物一旦有了一定的感觉器官也就有了最初的辨别和选择，就有了最初的思维。很明显，这种思维能力的获得是以感觉为基础的，正是这种动物的基本能力，这种最初的思维让动物有了更好的生存能力，从而也使得动物有了更进一步的进化。

但是，动物虽然有了触觉、味觉、嗅觉，虽然有了最初的思维，但还不是真正的思维，它不过是一种低级思维，这种低级思维在动物的生存活动中不占有主导地位，它所依靠的只是鼻子、嘴与舌，并且这种低级思维只是以反应为依据，动物嗅到某种气味就有了反应，从而就有了反射性记忆，以后再嗅到这种气味它就不需要再辨别，就直接可以选择。食味也是如此。因此，这种能力是所有动物生存的基本方式，正因为是所有动物的最基本的能力，所以它的思维考量就是这么固定，这是其一。

其二，思维是反应意识的产物，它必须随着意识圈的扩大而扩大，也就是说，意识圈越大思维的范围就越大，而最初的思维却受到意识圈极大的控制，它只能在触觉、嗅觉和味觉的范围内来选择，并且这种选择早已固定在动物的生存活动中，所以我们只能说，低级思维是思维的起源，同时也是思维的开始。它表明了动物所具有的基本生存能力。

思维是意识的产物，它只有随着意识圈的扩大而进化，然而只有眼睛的产生才能使得动物的信息量大大增加，视觉的出现使得动物的意识圈陡然增大，从而使思维能够成为动物生存所具有的良好能力，有力地促进了动物的进化。

但是，形象思维要成为动物的生存能力，并不是有眼睛、有脑结构就行。

不同的动物有不同的脑结构，并不是有了一定的脑结构，有了一定的神经系统，动物就会有形象思维，也不是动物有了眼睛，有了视觉，就会有形象思维，只有动物的生存活动，只有动物在捕食过程中，主要是依靠视觉才能形成形象思维。很多的动物也有脑，有神经系统，也有眼睛，甚至眼睛在捕食中也有帮助。但是，由于这些动物在捕食中，在很多的生存活动中，有的主要是依靠嗅觉，有的主要是依靠触觉，有的主要是依靠味觉，因此这一类动物就没有形象思维，也就没有快眼动相睡眠。这就是进化。科学实验很容易证明以上所说，我们在《梦的奥秘》的下集将会进一步论说。

记忆是我们了解生物与动物与人类行为活动的主要窗口，因此，我们将在《学习的窍门》一文中进一步探讨思维，还将更深一步地揭示记忆的魅力。

宇宙有起源吗?

一切都是两力交锋的结果，一切创造热衷于神话的英雄们，一切相信神话的善良人们，但愿他们能够面对这颠扑不破的真理。

——前言

宇宙的起源是人类最大的研究课题，它也是古代与现代人所热衷的话题。

先看看中国古人的宇宙观。

在我国古代，除有盘古开天地的神话故事外，还有专门的宇宙起源的理论，不过古人不称宇宙，而称天地。因此，我国古代人就有了盖天说、浑天说、宣夜说等。

盖天说主要是把天看做是圆的，地是方的。而天文学家张衡的浑天说则认为：天是椭圆的，地也是圆的。这种把天与地看做是圆的，正说明了我国古代人的聪明才智。

在古代科学刚起步的历史条件下，这些理论主要还是建立在直观上，但更多的是哲学观点。

《易经》卦之物天地、雷风、水火、山泽演化。《易经》

不但能从物质的观点来看待世界，还能从阴阳对立的观点来解释世界，但以当时的认识水平是不可能正确地把握物质世界的，因而文字艰涩。是中国古代影响很大的一本书，被称为究天地之变的《易经》把万事万物看做是由八卦生化而成。《易经》其寓意玄乎，花费了不少中国人的心血。

道家是中国古代哲学的主要流派之一，道家对世界的看法贯穿着一个“道”字。道是“虚无”的实体，道生天地与万物。《易经》是：“一生八卦，而道家是道生一、一生二、二生三、三生万物。”道字的多种含义使得道家分为老庄学和黄老学两大不同哲学流派。春秋战国时代，邹衍把《易经》的阴阳说与《洪范》的五行说统一起来解释万事万物，五行是指宇宙万物都是由金、木、水、火、土组成。阴阳五行说在中国的影响不仅在宇宙观，而且在医学以及社会人事方面都有其重要的影响。

我们把目光转向西方古代人的宇宙观。

在希腊神话中，并没有给出天地是怎样来的，但由于世界的一切都是神创造的，因此就有天神、大地等等诸多之神。

古希腊社会是一个人才辈出的时代。天才人物似乎处处可寻，在宇宙观方面也是如此。

希腊人不认为是五行而认为是四种元素水、火、土、气构成物质世界。不过，哲学家泰勒斯则提出了“万物源于水”的观点，而赫拉克利特却提出了“火”是万物之本源，当然，德亚莫亚特的“原子说”与毕达哥拉斯用“数”来解释物质世界，正表明了古希腊人深厚的哲学底蕴以及更接近自然科学观的天才思想。

古希腊人的宇宙观不仅仅满足于对物质世界的解释，把哲学的触角伸入到宇宙之中是柏拉图学说的独特之处。因此，我们说柏拉图开辟了人类探索宇宙起源之谜。柏拉图的宇宙观充满了“数”，宇宙的开始是浑浊的，它是三角形的，随着造物主的制定，三角形变成了正立体，四种正立体正好有四种元素微粒，还有一种“以太”元素，宇宙是圆的并做环行的圆周运动。

柏拉图认为世界是创造出来的哲学理论，使得宇宙的本源为神的观念从古代一直影响到现在。

古希腊社会一方面是神观念转变到神学的逐渐兴起，另一方面，希腊学者对神学很多都保持一种不即不离的态度，他们把更多的精力投入到自然探索方面。亚里士多德是这一方面的杰出代表。

亚里士多德没有明确的反对神学，但是他以自己对自然社会众多领域中的探索以及他的许多著作面世正表明这是一种十足的对神观念的摒弃。亚里士多德不仅从理论而且也从实践中探索自然界，他自己动手做动物解剖，但丰富的生物学知识使他往往会从有机物方面理解万物。他认为，事物总是趋向于目的性运动的，亚里士多德认为，万物都是由水、火、气、土四种元素构成，由于每一种物体构成的四种元素不同，因而就有四种不同的因，即形式因、质料因、动力因、目的因，这样就有四种不同的运动，即实体的运动，性质的运动、数量的运动、位置的运动。亚里士多德把不同的运动归纳为“自然”和“被迫”两种，从而又把运动与时间、空间联系起来，认为物体处在时空的永久运动中。

在天文学方面，亚里士多德沿用了传统看法，把天界与地界分为两个不同领域，并认为地球是宇宙的中心，宇宙是有边界的，天体呈匀速圆周运动。

在公元前600—200年间，人类的宇宙观可以说经历了一次变革，它主要表现在两个方面：一方面，神观念转变到宗教，虽然在这一时代之前已开始，但这一时期趋向成熟，如古印度的印度教，古巴比伦的犹太教，古罗马的多神教；另一方面，宇宙观从感性认识到理性认识的阶段中逐步转到实践，亚里士多德的动物解剖到其后的托勒密的仪器观测都对后来的宇宙观产生了重要影响。

对宇宙观来说，天文学从来都是首当其冲，但从托勒密的“地心说”开始，天文学却沉寂了1000多年，可在这1000多年的历史中，自然、社会的其他学科不都一样是沉寂的吗？

哥白尼的“日心说”终于打破了这种沉寂，使得天文学走上了近代的快速车道。哥白尼的“日心说”表述大多在他的《天体运行论》中，地球不是宇宙的中心，它是绕太阳运转的一颗普通行星，太阳才是宇宙的中心，因而所有行星都围绕着太阳运转，地球是圆的，宇宙也是圆的，圆球没有起点也没有终点，圆球形状是由于旋转作用造成的。天体的运行是有规律的，如月亮是地球的卫星，一个月绕地球转一周，火星、木星等行星照它们各自的轨道绕太阳公转，它们也自转。哥白尼的“日心说”打破了托勒密“地心说”的统治地位，把宇宙的中心从地球搬到了太阳，他论证了天体运行的基本规律，从而奠定了天文学上的新里程碑。

我们说，宇宙观总是一衣带水，前人的正确与错误一并会承继给后人，开普勒似乎应验了这一点，早期的开普勒在《宇宙的秘密》书中并没有发现真正的天文秘密，他只发现了柏拉图的五个正方体无法进入天文科学的轨道上，也许失败是成功之母，开普勒三大定律的产生也证明了这一点。

第一定律，所有的行星在大小不同的椭圆轨道上围绕太阳运动，太阳是在这些椭圆的一个焦点上。第二定律，行星的向径在相同的时间内扫过相同的面积。第三定律，行星公转周期的平方和它的轨道的长轴的立方成正比，三大定律推翻了哥白尼关于轨道运行是圆的、运行的速度是匀速的说法。另外，开普勒还指出，行星与太阳之间存在着相互的作用力，其作用力的大小与二者之间的距离长短成反比。

开普勒的主要著作有《新天文学》、《宇宙谐合论》

显然，作为自然科学的天文学在宇宙观方面它来得最早，它不仅富于诗意而且奥妙无穷，你不仅可以了解到早期人类对天体天象特别注意，而且在古代、在近代、在现代对天文学有广泛兴趣和执著探索的人物总是层出不穷。宇宙的奥秘一个个被揭开，不仅需要天文知识的不断积累，更重要的是天文观测工具的革新，伽利略给那些想日夜仰望天上的学者们奉献了只有神话中才有的千里眼——望远镜。

从有了望远镜，人类的宇宙观发生了根本的改变。这一改变是以大爆炸理论为标志的。正是望远镜的发现产生了大爆炸理论。

哈勃发现：所有的河外星系都在离我们远去。那就是说，宇宙在高速地膨胀着，既然宇宙在膨胀，那就一定有一个起点。这个起点就是宇宙的起源。这个起点被天文学家勒梅特称为“原始原子”。

进一步，美国的天文学家伽莫夫在1948年推出了他的宇宙起源的大爆炸理论。该理论认为：宇宙的开始是由一个温度特高、密度特大的原始基本粒子组成的“原始火球”，这个原始火球不断地膨胀着，由于在不断地膨胀着，从而就会有巨大的爆炸，它膨胀得越大，宇宙的密度和温度就会不断地降低，原始的原子就会形成气体物质进而演化成星云、星体，也就成了现在的宇宙。

支持大爆炸学说的有两个基础理论：一是所有的河外星系都在离我们而去，即宇宙在膨胀；二是背景辐射，即大爆炸的余热。

先看宇宙在膨胀。在1912—1917年间，美国天文学家斯莱弗用望远镜在天文台观测天体时发现：在他观测的15个星系中有13个有红移现象，也就是说，除仙女座大星云和另一个星系正奔向我们之外，其他13个星系都离我们而去。

为什么星系红移就说明了是星系退行呢？因为退行就是离我们而去。

那我们就要知道什么是红移。如果有一个不断发射波长的光源对着我们移动，光波的相邻波峰之间的距离如果在不断地缩小，那么波长也就会相应变小，其在光谱中的位置就会向蓝色波段偏移，这就叫蓝移。红移呢？正好相反，也就是说，一个远离我们但相对着我们的光源，如果波长变长，光波拉伸，同时光的移动向红色波动偏移就称为红移。

换句话说，星系的红移就是星系离我们而去，就是宇宙在膨胀；星系的蓝移就是星系向我们而来。也就是说，不管天文学家观测 15 个星系时有 13 个星系离我们而去，有 2 个星系向我们而来，也不管天文学家观测 40 多个星系有 5 个星系在蓝移，都说明了宇宙在膨胀，因此就会有大爆炸。

红移是退行，即宇宙在膨胀；蓝移是前行，即宇宙在收缩。这是什么宇宙？

而大爆炸理论面对蓝移的观测事实视而不见，见而不答。

已经观测到有星系向我们而来，宇宙是在膨胀还是在收缩呢？而还有更多 500 亿以上没有观测的星系，它们是在红移还是蓝移呢？是膨胀还是收缩呢？

最要紧的问题是，星系能代表宇宙吗？星系的运动就是宇宙的运动吗？

最要紧的还有大爆炸的“余热”。

现在，我们可以谈宇宙的起源了。

我们先要问：什么是宇宙？

宇宙是指在空间、时间中运动着的一切。

空间、时间、物质是宇宙的三要素。当然也可以说是三维，这三者是统一的不可分离但又是独立存在的。

先看空间。无论我们是用肉眼还是用射天望远镜，空间都是如此真实地存在着。

再看物质，无论我们是用肉眼还是用显微镜看，物质都是如此真实的存在着。

我们再看时间，无论我们用肉眼还是用任何科学仪器看，我们永远也看不见时间，可是时间确实存在，并且我们每时每刻都能感觉到时间的存在，这是什么原因，时间看又看不见，摸又摸不着，但却能感觉到它，难道我们的感觉有问题？不是，是宇宙的问题。

我们感觉时间存在，是因为物质包括我们自己都在运动着，时间是物质运动的属性，也就是说，物质在运动才会有时间，物质不运动就不会有时间。

宇宙起源的关键问题就在这里：如果没有空间就没有物质，物质不运动就没有时间。这就是说，宇宙必须有空间和物质，它可以不要时间也同样存在，但是时间是确实产生了。

为什么会产生时间？是因为有了物质的运动，空间是不运动的，也就是说，空间可以是静止的，物质也可以是不运动的，但现在宇宙的物质都在运动着。

为什么物质会运动，它是从什么时间开始运动的？这才是宇宙起源也是我们现在的世界由来的实质问题。

回过头来，我们再看星系的红移。

星系的移动实际上就是物质的运动，它和空间是联系着的，但红移决不是空间更不是宇宙的膨胀。空间和物质虽然是独立的，但它们是共存的形成了宇宙，它们也是两个不同的概念。正像“人”的概念包含着男女一样。

空间是空间，物质是物质，物质可以看得见，也摸得着，但空间能看见却摸不着。物质的运动不能说是空间的运动，空间是物质存在的基础，物质是空间存在的方式，它们互为依存成为宇宙。

我们可以观测到物质的运动，如物体移动，物质会变大变小，但我们却观测不到空间的运动，更看不见空间在变大变小，空间有大有小也只能是取决于空间中物质的密度。空间本身不可能变，因为空间是永恒的。

我们最多可以在容器中得到真空，却无法让空间变大变小，科学实验怎么也不能使空间拉伸或者缩小，我们也永远观测不到空间在拉伸、在缩小，怎么可以看到光的波动就说宇宙在拉伸而膨胀呢？

星系是数十亿至数千亿颗恒星及星际气体和尘埃物质的称谓，星系的主体结构是星体群，无论怎么说，星系还是物体（物质）。物体的运动包括其膨胀怎么能说是宇宙的膨胀呢？

我们知道；物质有大有小，如原子，如星体。也就是说，物质是有质量有数量的，空间有质量有数量吗？

正因为物质本身有质量和数量，它才能自己运动，它才能演化到今天宇宙的样子，从基本粒子到旋转气体云再到星体，从生物到动物再到人类全是物质演化的结果，而不是空间演化来的，空间参与演化是因为物质的演化需要空间，没有空间物质的演化无法进行。

正是有无限的空间，物质的演化才会无穷无尽，你才会看到有数不清的亿亿颗星体在宇宙的空间中遨游。但是，所有的星体的运行都是有规律的，从每一颗星星到星系都不是错摆乱放的。它们不可能像大爆炸理论认为的那样可以乱动，可以前行，可以退行。

所有的天文学家对星体的观测，永远也看不到正常运行的星体会直行。对星体来说，直行是死亡之行，不是陨落就是被吞噬。因此，根本就不存在退行，也根本观测不到有退行的星体，而大爆炸理论却可以以光的波动来推断星系在退行。

事实上，红移是不是和距离有关都是个问题。如一个双星系统的轨道平面与我们的视线平行时就会出现一个子星离我们远去，则谱线发生红移，而另一个子星会向我们而来，谱线则为蓝移。如果两颗子星横过我们的视线时，那么谱线就会合而为一。

还有的天文学家认为：类星体的红移与距离无关。

即使星系在退行也不能说宇宙在膨胀，对于宇宙结构来说，还有更大的天体单位，天文学家进一步的天文观测如此确切地表明：星系都相抱成团。面对如此铁铮铮的观测事实，大爆炸的理论者无言以对，却还在哄小妹妹似的：所有的星系都在离我们而去—银河系将成为一座孤岛—小心织女嫁不出去。

先生，该改口啦：星系团、宇宙长城在退行，说明宇宙在膨胀。

就让我们蒙住眼睛，只看星系。

为什么星体不会有退行呢？因为任何在星系上运行的星体都是有规律的，如果星体的运行不按照天体运行的规律，它就要陨落。

这个规律，我们可以从星体的形状上得到证明。

所有的恒星和大行星都是近圆的。

在太阳系中，直径大于100公里的小行星基本上都是近圆的，而小于100公里的小行星的形状就不规则。

为什么所有的大行星、恒星都是近圆的，而不是四方形、长方形或其他形体呢？

那是因为星体要运行，是星体运行的需要所规定的，你必须是圆体，否则，你就不能在太空中生存下来，为了生存，星体一定要长成圆体，长成圆体的星星才算长大成人了，它也才能娶妻嫁人，融入星系的大家庭中去。这个规律，也可以从星体的运行上得到证明。

所有的恒星和大行星运行的路线都是近圆的。

不仅恒星，不仅是长大了的行星，就连太阳系上的彗星也是如此。在太阳系中，彗星绕太阳运行的轨道有三种：双曲线、抛物线、椭圆。而只有在椭圆轨道上运行的彗星才能存活下来，那些在抛物线和双曲线上运行的彗星统统地到了太阳旁边就一去不复返了。

为什么所有的行星、恒星都必须走近圆的路线，而不会走直线呢？那是因为走直线这些星体就会离开星系这个大家庭，离开了家，星体就无法生存下去，为了生存，星体就必须旋转而不是直走。

那为什么星体的形状要近圆，运行也要近圆呢？

因为只有近圆的形状才能旋转，也只有旋转起来才能形成惯性运动，只有惯性运动才能保持运动的和谐长久，因此你才会看到太阳、月亮等大大的星体不会掉落，我们也才能平安地生活在这个地球上。

星体必须旋转，这是自然法则所规定的。这也是所有的天体观测所证明的。星体只有旋转它才能生存下来，因为是旋转，星体永远都在那个近圆的轨道上运行，从而它始终都在那个地方，而决不会前行得无影、退行得无踪，除非它走向消亡。（什么是自然法则？参见《惊人的发现》第一辑《规律》一文）。

整个宇宙的演化是同一的。

我们知道：人类世界能够世世代代生存下来，是因为人类有自己的家，有自己的同伴，否则，人类就生存不下来，星星亦是如此。因此，这个规律还可以从星星的生存方式上得到进一步的证明。

所有的星体都不可以独立生存，也就是说，任何一颗星都有它的同伴及家族，星体长大后要生存下来，必须找到它的同伴，在茫茫的宇宙中要找到同伴不是一件容易的事。如果你是一颗行星，就必须碰上一个有与你的抗力相对的恒星，同伴的引力把你吸引住，你就一定会与同伴跳起迷人的太空旋转舞。也就是说，你嫁人了，你有家了。家是堡垒，你不断地跳起自旋舞，也不断地跳着公转舞。如此的和谐，如此动人的爱情诗，这一切都是因为你有迷人的丰满的圆润的身材。

正因为星体是近圆它才能旋转，正因为是旋转星体的位置才会相对不动。正如太阳一样，它的位置永远都在那个固定的位置，一直到它消亡为止。太阳的动是有规律的，是在一定的运行范围内的。不仅是太阳，所有的星体以及星系都必然在一定的空间位置上运行。所有的星体不可能乱运行，它不能走出它的运行范围，否则这个星体、这个星系就要完蛋。

而大爆炸理论所言的星系却会互相远离，却能够离开它原来的运行范围又红移又蓝移，又退行又前行，这不是天下大乱了吗？

宇宙有多大？不知道宇宙多大，怎么会知道宇宙在大呢？这是常识呀！

每一个星系都是一个大家庭，它们一定有自己的祖父祖母，一定是子孙满堂，它们遵守着家规，循规蹈矩，共同呼吸着大气，总是在太空中轻歌曼舞，和着最年长的祖辈，和着自己的兄弟姐妹，和着自己的夫君爱妻，和着自己的儿女从不离弃，这才是天伦之乐呀！

每一个星系都是独立的王国，有自己的国土，奉守着和平共处的原则，从不侵犯它国的领土，它们有着铁一般的纪律，对外星系从不开放，冷冰冰的没有客人，老死不相往来。没有抢夺，没有暴力，所以在这个宇宙有亿亿颗数不清的星星，才能和谐地生存着。

面对如此的天伦之乐，面对如此的和谐天堂，宇宙竟然会生气地膨胀，是什么力量能让大得无边的宇宙膨胀呀？

小小的空间都膨胀不起来，大到无边的宇宙怎么膨胀呀？百思不得其解。

往前走，再看大爆炸的“余热”。

“余热”就是微波背景辐射，也称为“3K 宇宙微波背景辐射”。

它的来龙去脉是这样的。

宇宙起源于“原始火球”的大爆炸，于是就预言：既然有威力无穷的爆炸就会留下遗迹，因此就有射电天文学家在宇宙中探寻这种“余热”。可是天文学家未能尽意，倒是美国的两位工程师彭齐亚斯和威尔孙在 1965 年意外地发现了在太空中有一种奇怪的噪音。时运颇佳的两位工程师是在工作中发现的。为了避免卫星通讯受到如无线电噪声源之类的干扰，两位工程师架起了具有高灵敏度的定向接收无线系统，在他们估计了所有的噪声源后，却意外地发现了有一个无法消除的噪声，大约相当于 3.5K 的噪声温度。这种赶不走的噪音没有一定的方向，更无周期性，这说明它不是来自太阳，它来自哪里呢？

工程师不知道，但却有人知道，美国的科学家迪克就知道，因为这种噪音正是迪克的研究小组苦苦寻找的大爆炸的“余热”。

一个是“踏破铁鞋无觅处”，一个是“得来全不费功夫”。

皆大欢喜，两位工程师得到了最高的奖赏——诺贝尔奖；迪克获得了最高的荣誉——大爆炸理论的奠基人。

多么动听的神话般的科学故事。

怎么不是神话？为什么会有星体、星系？星体、星系又是怎样形成的？连星体、星系形成的机制都不知道，却能够知道星系红移是宇宙在膨涨。

怎么不是神话？“星系都离我们而去”，“我们”只是在小小的地球、太阳、银河系所观测到的辐射，却变成了只有在古代、中世纪才会有的以地球、太阳为中心的宇宙观。

怎么不是神话？为什么天体都要有自转和公转？为什么天体一定要在近圆的轨道上运行？连天体运行的机制都不知道，却知道天体运行了137亿年。

连眼前天天能看到的自转和公转都不知道为什么？怎么就能看到137亿年前的大爆炸？

望远不望近（镜）呀！

天体观测如此鲜明地告诉我们：无论是恒星与行星之间或是恒星之间，也无论是星系与星系之间或是星系长城之间，所有的星系及其星体都是分布在空间并被空间所分隔，空间是空间星体是星体，怎么可以把星系的动说成是宇宙在动呢？星系动了，那部分空间跟着也动了吗？

空间有起源吗？这不是神话，还有什么是神话？

一边是科学技术突飞猛进，一边是科学神话大行其道，令人惊讶的是，在科学昌盛的今天，还有许许多多的人会相信这种永远都蹦不出去的井底之蛙之见的地心、日心说。

令人惊叹：宇宙起源爆炸的“余热”无处不在，就连我们的电视屏幕都会显灵。

天方夜“弹”。

科学理论要么来自于理论本身，要么来自于观测，因此正确的理论要么在理论上站得住脚如牛顿的万有引力，要么科学观测和实验能够提供证明。

我们知道：任何爆炸、任何热电都是物质能量的表现，而任何物质的能量都是有限的，一个“火球”竟然能爆炸出无限大的宇宙？

理论上一窍不通。

小小的“蛋”成了能量无限的上帝之手，这只有美国的科学家才能有这气魄，才能这么吃香，中国的科学家连想都不敢想。智慧呀！大爆炸理论是美国人的创造发明，可他们却不会花大把的美元去做那种玄之又玄的粒子对撞，只有欧洲人才一往情深。

再看实践。

大爆炸理论上在科学实验上也根本无法提供证明，因为实验无法证明空间在拉伸在缩小，因为空间根本就不能可大可小，只有物质才能可大可小。正是因为科学实验无法证明宇宙空间在膨胀，大爆炸学说只有拉出科学观测。可惜两个观测数据都是来自于能量：一是红移、二是辐射。大爆炸理论只能拉出能量而不见物质，因为根本就观测不到宇宙在哪里膨胀，就连辐射来自哪个地方、来自哪个星体星系都还不知道，怎么会知道宇宙在膨胀呢？

实践上一窍不通。

什么叫科学观？科学观就是物质观，一切脱离了物质的观点、理论都可以受到质疑，同样，宇宙起源的大爆炸理论也脱离了物质的起源。因为宇宙起源的核心问题就是物质的问题，正是因为物质，正是因为物质的运动才能有现在的世界，才能有现在的宇宙，才能有我们这些人类。

也正是因为不知道物质是怎么来的，它为什么会运动，为什么会有能量，宇宙起源的研究者才会抛出大爆炸理论。

他们认为，整个宇宙是由一个能量极大的“宇宙蛋”的大爆炸开始的。

宇宙蛋是从哪里来的，宇宙蛋的能量又是从哪里来的？他们不知道，只知道有那么一个“蛋”、一个“火球”。因为他们知道：太空中有三 K 微波背景辐射，这个微波辐射就是宇宙起源时大爆炸的“余热”。

然而，没有不变的物质，也就没有不变的能量。

为什么其他的都毫无意义，唯有这个“蛋”有意义，唯有这个蛋的能量不变。

“蛋”是怎么来的？

难道我们只能往后看，不能往前看，超乎思维，超乎想象，超乎常理——只有神话才能超越一切。

我们知道，任何光，任何波，任何辐射都是物质运动的产物，在茫茫的宇宙中有数不清的星体、星系在运动，每一个星体都有不同的物质结构，从而就会有不同的能量，这都是物质及其运动的表现形式。因此，一定的能量来自于一定的物质结构，辐射亦是如此。

微波“背景辐射”来自于什么物体，来自于什么样的物质结构呢？不知道，不知道怎么又会知道它来自于那个“蛋”的猜想。

难道那个“蛋”、那个“火球”是永恒的，还在散发着“余热”？

不是的，因为宇宙根本就不存在起源，所谓的起源只有物质运动的起源，正是物质的运动才有了时间，才有了今天的世界，不是吗？

微波背景辐射怎么会是宇宙起源时的“余热”？

物质在不停地运动着，天体也必须不停地运动着，不运动天体就要停止它的存在，正是各种天体都在不停地运动，天体就必须释放它的能量，不同结构的天体就会有不同的能量，从而释放的能量就会不同，辐射正是各种能量的表现。光、波、电等都是各种天体释放能量的表现，从而就会呈现辐射状态。因此，在太空中就会有不同的辐射，天体如此之多，在太空中就会有如此之多的辐射，如太阳一样，它在不停地自转和公转，它就必须释放它的能量，太阳的能量表现在光辐射，当太阳运动越激烈的时候，它释放的能量就会越大，光辐射就越强，这除了其他星体对它的作用外，一个最明显的就是当太阳运行到离银河系中心越近的时候，其释放的能量就会越大。太阳随着它释放的能量越多，它的末日就越近，没有任何的天体可以无限度地释放能量。因为所有的天体都是物质的产物，作为天体能量的辐射亦是如此，在宇宙中，任何辐射都是天体运动的结果，都是两力交锋的产物，所谓的微波背景辐射也绝不会例外。

大爆炸的所谓辐射既没有天体，也不见任何力，却能够声称：背景辐射来自于天体形成之前——神话。

星系都离我们而去，太阳系成为人类观测宇宙起源的中心，多么伟大的时代。

那么，宇宙有起源吗？

没有，因为不存在空间的起源。

宇宙没有起源是因为宇宙是无限的，它根本就没有边，没有界。

宇宙为什么是无限的？这是由它的空间和物质及其运动所决定的。

1. 无限是因为任何光速或超过光速的能量，不管光速在宇宙或者说在空间的任何位置，都到不了空间的边或界，因为空间本身就没有边，没有界。

2. 空间是不变的，它无所谓大或小，因为它不能被拉长或者被缩小。

3. 一定空间的有限是因为物质即物体的密度。

4. 空间的无限才会有物质的永恒运动，才会物质不灭，才会能量守恒。

5. 正因为空间是无限的，宇宙就不会有中心，也不可能找到宇宙的中心，所谓的地心、日心以及还会出现的星系中心等学说都是虚拟的。

6. 正因为宇宙没有中心，它才会没有边，也没有界，不存在有边或有界而无中心的宇宙，如果宇宙是在膨胀，那么就一定会有中心，或者有边有界。

7. 所有的物质及物体包括人类都有生老病死，都有开始和结束，而就是空间没有开始和结束，正是空间才能给所有物质及物体演化的地方，没有空间没有地方，物质及物体在哪里生老病死？

正是空间的静和物质的动，空间的不变与物质的变的对立统一，才使得宇宙奇妙无比。空间和物质是宇宙共存的两个方面，只有物质的变才能谈到所谓的宇宙起源。

那么，物质为什么会变？它是从什么时候开始变的？

我们在《暗物质存在吗？》这篇文章中再见。

性格

这篇文章主要讲两个问题：一是为什么很多人相信性格决定命运？二是为什么性格很难改变？

先听故事：

大连市有一位老太太叫马翠珠，马老太太一生中可谓风风雨雨，她年轻的时候，在厂里由于其自尊心强，且嘴巴不饶人，讲话又异常刻薄，单位上的同事都不愿意与她讲话。她自己倒认为是一种能耐，没有人敢惹她。

到了结婚的年纪了，家里人和亲戚给她介绍了一个又一个的对象，每次都是被马翠珠刻薄的语言吓跑了。马翠珠一下子到了30多岁了，这下她慌了。在婚姻危机的情况下，她与一位技术员接触了好几次，那技术员又要打退堂鼓了，这回马翠珠急了，破天荒第一次在男子面前流泪，一遍遍地恳求并保证以后一定改正不好的脾气。这位技术员心软了，不过从这以后马翠珠确实收敛了许多，爱情的力量嘛！

但好景不长，婚后几年，她又旧病复发，技术员丢下一句“简直不可理喻”，便扔下一子一女，过起了单身的生活，这一独身就是20多年。然而，可怕的还在后面。先是女儿提出想去跟父亲过一个年，马翠珠听到圆眼怒睁，大叫“你这个小不要脸的，这么多年，吃我的穿我的，长大了想不要老娘，瞎了你的狗眼，你把养大你的钱还给我，不然的话，出这个门非叫车撞死你不可，你去死吧！你不会去跳楼吗?”果然，当马翠珠听到一声闷响，到窗前一看，傻了眼，女儿直挺挺地躺在地上，永远离开了这个世界。

女儿的死对马翠珠来说是一个极大的打击。马翠珠强硬的性格似乎改了许多。

然而，可怕的事又落到了儿子刘石俊身上，儿子下岗了，一个人闷在家里心情够沉重的。有一天，马翠珠叫儿子去买菜，儿子就叫母亲拿钱。马翠珠当头就唾了刘石俊一口：“呸，你是不是想气死我？还叫我拿钱!”刘石俊红着脸说：“我下岗了，老婆挣得又少，总得为将来攒点钱。”马翠珠一听，火气直冒地说：“你这个臭嘴，你下岗是为我吗？你看人家哪个孩子不比你强，你一个人每天出去，又一个人回来，我都替你害羞。”刘石俊听了这话，拿起了菜刀说：“我还不如死了好。”

那一天，刘石俊坐在屋角一根接一根地抽烟，这时马翠珠走过来说：“你以后少用自杀来吓唬人，你有本事别下岗，你看人家当官发财哪个不比你强，你这窝囊样，动不动寻死。告诉你，要死就死得利索点，别给人家添麻烦。”刘石俊听到这个叫骂，他懊气的走到母亲面前说：“你真叫我痛苦极了。”

说完便从五楼跳了下去。

这是一个多么令人悲伤的故事，又多么令人思索的故事。看了这则故事，我们不能不想到高尔基说的“性格决定人的命运”，不能不想到古代的成语“江山易改，本性难移”。

先看“性格决定命运”吧？马翠珠的性格有三：一是自以为是，缺乏理智，她在单位常常与人争吵而使人处于窘境，所以单位上的人不愿与她讲话，她不嫌自己孤独，还认为人家怕她，她有能耐；二是心胸狭窄，死要面子，她女儿想去跟父亲过年，她认为这是扫了她的面子，倒了她的架子，因此大骂女儿；三是自尊心特强，态度僵硬。她对儿子下岗不是理解，反而讥讽，儿子用话反驳，她认为刺伤了她的自尊心，而大发雷霆，这种性格过强的特征在一定的环境中必定会有恶果。当然，其中女儿和儿子的孤寂性格也是造成家庭悲剧的重要原因。

再讲“江山易改，本性难移”。马翠珠太倔强的性格她自己也意识到了，她自己也想改，而且真的改了，第一次由于婚姻危机，现实环境要求她改。第一次的改正，实际上也是她的自尊心强而使她改，因为如果嫁不出去，闲话就多，社会的压力大，她没有了面子，自尊心哪里放？这种要面子要自尊而暂时放弃面子和自尊，当然是很多倔强性格的人为了暂时的功利会做到的。但是过几年，马翠珠的性格特点又暴露出来了，使得夫妻分居。第二次她也改了，女儿的死对她来说不啻是一个极大的打击，她压抑内心的痛苦去改，可是在儿子死前还是没有改掉。

这个附在人身上的魔鬼性格，竟有如此大的力量吗？我们得好好分析一下这个魔鬼性格。

性格是什么？

性格是指人本身固有的性情、气质、习惯、脾气等内在因素的心理特征，它是大脑与心理活动的具体表现形式，是一个人区别于他人的特性。

性格的概念在不同的心理学中有一定的差别，对于性格的形成在人类的认识上有更大的差别，其差别的主要方面是量的问题，即性格的形成是先天的多还是后天的多？

1953 年，两位年轻的科学家在英国《自然杂志》上发表了只有 100 多字的论文，提出了 DNA 双螺旋结构模型，揭示了遗传物质的基本特征。

100 多年前，当奥地利科学家孟德尔发现了所有生物的性和外形都是由一种化学遗传因子所决定的，被科学家称为“基因”的研究不断证明了基因对人的性格形成具有极大的意义。

1996 年，以色列和美国的科学家各自单独发表声明，在人的第 11 号染色体上有一种遗传基因，对人的性格有不可忽视的影响。

纽约大学的尼尔坎教授指出：“新发现的基因可让你对人的身上发生的每一件事从单一的生物学的角度来找出原因。”人们相信自己的言行举止以及很多的事会有基因的指挥吗？当然很难相信，但科学特别是人体科学的发展会进一步告诉我们那些一下子很难接受的观点的正确性。

美国的国家癌症研究所所长海姆带领的领导小组和以色列的理查德艾泼斯坦博士的研究报告中指出：那些富于冒险精神的人，特别容易兴奋的人，其大脑中的 D4DR 基因比较奇特。人体中的 D4DR 基因会有遗传指令，能够在大脑中构成许多受体，这些受体分布在人的神经元表面，接受一种叫多巴胺的化学物质，这种物质能能够激起人敢于冒险与寻求新奇的特点。研究还表明，D4DR 基因较长的比 D4DR 基因较短的人更富有冒险精神。以色列和美国的科学家终于搞清楚，影响人性格遗传的基因有着不同的形式，其中一组比较长，由 7 个重复的结构序列组成，另一组较短，由 4 个重复的 DNA 结构序列组成。较长的敢冒险，寻求新奇。较短的表现为喜欢思考，忠实温和的个性特征。

人的性格在表现上有强有弱，个性强的人感应性就强，在人的一生命运发展变化中就更明显地表现出来。个性相对薄弱的人，其感应性也相对较差，在个人的命运变化中不明显。像马翠珠这样个性特强的人就最容易冲动，一遇到相对应的人与事，这种性格的作用就会充分暴露出来。

英国布里斯托尔大学的乔纳森·伊万斯博士在研究基因与人类自杀行为之间的关系时发现一种使人容易激动的“冲动基因”，他给这种基因的代号为 5HT2C。他在对 400 名研究对象进行心理测试和遗传基因扫描后发现，只有那种引起行为冲动的人才有这种基因。伊万斯博士认为：是这些通过抑制人的大脑中某些特定区域里的血清素，才使他们的性格外向，行为鲁莽。

从上面所述，我们知道基因是人类生命的本质，生物进化到今天人类的文明时代，基因的作用至关重要。人如果没有稳定的基因存在，那么今天的人或者今天的时代不是现在的形态。而人的性格形成也依赖于基因，这是迄今科学已经开始证明并将更多地证明的事实。

基因的发现是人体科学的重大革命，它具有划时代的意义。我们决不能小瞧了基因，将来的科学家可以通过控制基因来塑造人的性格，随着分子生物学的进一步发展，人类最终会绘出人的身高、体重、情感、性格等人体特征的基因图。到时候，我们每一个人可以有1份基因图，从这张基因图上，你会知道你适合干什么工作。不仅是工作，婚姻、生育、寿命等都可以依据这张基因图作出更科学的选择和判断。

其一，基因是人的生命本质，是人体信息的载体，基因的存在具有典型的遗传性，这是表明人的先天性的一个重要方面。其二，当精子与卵子相结合的一刹那开始，在胚胎发育中生命还受自然环境的影响，这又是一个先天性。其三，当生命体成熟分娩以后，既受自然环境的影响又受社会环境的影响，而自然环境的影响是人不可抗力的物质力量。

所以，我们现在可以这样说：作为人的性格，首先是先天性的，然后才是后天的，人的性格的形成首先是遗传，再到自然环境，最后受社会环境与自然环境的双重影响。这是一个物质运动的形式，是特有的规律。因此，性格以先天性为基础，后天性只是在先天性的基础上才能谈到影响与改变。

性格的先天性，它是唯物主义的观点。性格是大脑和心理反映的具体形式。因而性格是物质化了东西，性格的先天性是第一性的，任何后天的影响作用都是在这种物质的基础上进行的，但是我们不是说性格的形成完完全全是天生的。性格的形成是一个不断变化的物质运动变化的过程。

一、一定的教育和文化对性格的形成具有一定的影响；

二、重大的信仰对性格的形成与改变有较大的作用；

三、出现有摧毁人身的重大事件对形成与改变人的性格有重大影响。

任何性格的形成都是与身体的发育特别是大脑的发育相互联系的。

现在我们来谈性格的分类。

性格分类从质上来说是可以的，不过心理学家有不同的分类法：有血型的、体型的。

性格的分类不仅在于质的方面，也在于量的方面。因为一定质的性格特点会同时在很多种类型的性格中同时存在，而几种质的性格特点又会同时表现在1个人的身上。

美国女作家翠丝，由于在童年时代受过不少虐待，结果导致了性格分裂。精神病学家在给翠丝检验后证实：她有92重性格，即有92个人的不同性格，如有时她会表现出一个无法用言语来表达内心感受而怒哼一番，但在某一时间内她又会表现一位雄才多变的女强人而滔滔不绝地雄辩。这种性格的复杂性与交叉，使得某个人的某种性格特点潜在，而同时另一种性格特点又较显明。比如说，一个好动的人有时也会表现沉寂的特点。这就是说，一个人的性格中有两种或两种以上的形式体现，有的人性格的单一性又比较明显，如一个人很喜欢讲话，在很多场合，你让他不讲话比打他还苦，但不管怎样，人的性格中总有一种基本的较稳的性格起主导作用。因此，我们的性格分类侧重于这一点。

实验科学迄今也无法也许永远也无法用数据比例来确定：一是先天的与后天的对性格形成的比例数量各占多少？二是性格的类别在每一个人量的比例是多少？所以，我们对性格的分类只有一种办法，那就是“大概”。

无论是我国古代刘勰对性格的划分，还是卡雷努思的血型论，还是克雷兹曼的体型论，以及荣格简单的内外向分类，我们看到的都是一个“大概”。

我们对性格分类的“大概”是从荣格那里来的，至少有一半吧！这就是内外向型，因为这样的分法在现实生活中已经被大多数人接受，也就是说，这种分法有一定的广泛性和简练性，不过，我们可不愿意把荣格的理论搬来搬去。

一、外向型，这种人的性格主要特征为：表情易于显露，感情易于暴露，思想比较活跃，行动比较快捷，易怒、易喜、容易激动。

二、内向型：稳定心细是这种性格的主要特征，除脾气倔强外，其他与外向型相反。

三、中性：介于外向和内向之间。

四、超外向型：外向型性格特别强烈。

五、超内向型：内向型性格特别强烈、明显。

这种分类，可以说是最“大概”了。

生命质量的高低，不仅仅取决于一个人的身体健康状况。更进一步的是取决于人的物质与精神的享受。而掌握现代知识文化正是精神享受的一个重要内容和途径。对于一个现代人来说，没有一定的文化水平无疑是一种生命的悲哀。

所以学习不仅是“学而优则仕”，更重要的是使我们走向更高的精神境界，更丰富的精神享受。朋友，学习吧！它会给你们带来无尽的乐趣。

你知道吗？学习不仅仅是智力的问题，还有一个因素在影响我们的学习，那就是性格。特别是在智力水平平均的情况下，性格就显得尤为重要了。智力是人的心理活动效率的表现形式，性格是人的心理活动取向的表现形式。二者的侧重点不同，但都是要达到一种结果，它们都是人的重要命素。都可以影响甚至于决定于一个人的生命质量。也就是说，都能决定一个人的命运。

当然，智力在人的命运中起到主导作用，但千万不能忽视性格对命运的影响。

智力在学习中占有主导地位，同一相近智力的人如果性格相异，那么学习成绩就有所不同。也就是说，一个人的性格会影响一个人智力的发展发挥。换句话说，良好的性格特点具有良好的心理素质本身就是一种智力。

中国科技大学少年班可谓是中国神童的集中地。20 年来，少年班总共接受了 761 个神童，目前获得硕士学位的超过 80%，他们够称得上是高智商了。然而，有一位神童却没有在中国科技少年班毕业，他在中途由于性格而退出了少年班。当时教这名学生的叶老师记得，这位学生真叫他伤透了脑筋。由于这个学生与父母的关系不太好，孩子长期与外祖母和残疾阿姨在一起，在外祖母的熏陶下，他考上了少年班。不料，一到学校他的性格弱点就暴露无遗。他不愿意与同学交流，学习成绩不太好。叶老师急了，便发动老师辅导他，发动学生亲近他，却毫无结果。最后，孩子的母亲来学校陪了一段时间也无济于事。他的成绩越来越差，学校只有让他回家乡的大学。

这是一则典型的性格影响智力发挥的实例。是性格影响了他的学习，性格对于学习成绩的好坏，有时有决定的作用，这种决定作用常常表现在一定的时期内。有相当一部分人的家长还未接受这个观点。国内对性格影响学习成绩较有研究的是安徽省的心理学会，他们用中小学生人格特征量表，考察了性格与学习成绩的关系。结果表明：人的性格中好胜心较强的和稳重的心理特征是影响中小学生成绩的两个主要性格因素。国外关于性格对智力的影响以及性格与学习的关系研究就更多了。这种研究都表明：良好的性格特征对于学生来说具有较强的控制力和调节作用，从而达到理想的学习效果。

性格不仅表现在学习上，更多而且重要的是表现在生活工作乃至于事业甚至于在国家的命运中。性格是心理与大脑的一种具体的表现形式。它与智力相比，在表现上其作用更潜在。性格是一种取向的功能。但最后还有一个效率和结果的问题。实际上，智力也含有一定的性格，性格也包含着一定的智力。两者能够互相影响、互相作用。它们在人的系统分别表现为不同的功能态。上述对马翠珠这一家庭悲剧很清楚地表明了性格作为取向这一特征性格。

在与一定的人事相撞时，一定是选取一种什么态度的问题。在这里，先天性占有了主导地位，因为性格的先天性而产生的态度与方法也是先天性的。这就是说，性格与一定的人事相撞时就必定有一个取向的问题。这个取向最终就有一个相应的后果，这是必然的。没有什么性格的行为不会造成后果。只不过是性格的功能态的量大小而决定后果的严重程度的大小而已。

笼统地说：有什么样的性格就有什么样的取向，有什么样的取向就有什么的后果，这是一种相应的逻辑关系。具体地说，某种性格的人在与某种人事相遇或相撞时，必定照这个人的性格特点去处理、去对待这种相遇或相撞的人事。这是必然的，也可以说是天生的，这就是马翠珠在遇到女儿和儿子与他争吵即产生矛盾时，马翠珠一定会不自觉地去选择这种蛮横的态度、刻薄的语言，这是天生的。马翠珠的性格不可能出现与她的性格不一致的态度，例如：心平气和或者沉默之类来对待女儿儿子。马老太太不可能出现与其性格相反的态度，如对女儿儿子给予理解或安慰。

概括地说，性格的作用是有其规律可寻的，其表现形式总是遵循性格的内在特征而表现。表现的强弱取决于个性化的强弱。

现在我们来分析《史记》中项羽与刘邦两人不同的性格而决定了不同的个人乃至国家的命运。

先介绍两个人的性格特征：

项羽长得威猛强壮，身高八尺有余，性情刚烈，为人豪爽直率，重义气，自尊心强，常优柔寡断。

刘邦长得虽有壮士之躯，却无项羽之英勇威猛。不拘常规，好权谋，对人豁达大度。

楚汉之争是项羽与刘邦争夺天下的著名历史事件。司马迁把这一事件写得有声有色，有血有肉。其中项羽与刘邦的性格刻画更是惊人之笔。

《史记》之所以被后人所称道，其人物性格的描写是《史记》成功的关键。在楚汉之争中，刘邦与项羽的性格一直贯穿始终。我们在分析刘邦和项羽的性格时，应该把当时的人与事连起来，作为一个整体来看待。在这个整体中，项羽与刘邦的不同性格在对待相同的人事面前表现了不同的取向与结果，是这一历史事件的主线。

决定项羽失败与刘邦胜利最关键的是两件历史事件：一是范增的负气出走，二是刘邦的划地封王。

项羽有两个优秀的人才：一个是范增，一个是钟离子。项羽对范增向来比较尊敬，称之“亚父”。而刘邦知道项羽有这两个人才要打败他是很难的。于是刘邦放出了离间计，使范增负气出走，范增出走的原因看起来是离间计起作用，实际上是范增与项羽长期不和的必然结果。这可以从项羽多次不听范增的话，如鸿门宴可杀刘邦没杀。范增就一肚子气骂项羽“竖子”，好好的机会都因项羽的“妇人之心”给断送了。像鸿门宴这么好的机会都错过了，难道还有更好的机会吗？

很多事使范增觉得项羽这个人很难成大器。在完全失去对项羽的信心之后，范增当然要走。反过来，如果范增认定项羽一定能夺天下，对他还有信心的话。小小的离间计，能对付得了范增与项羽这样的特殊关系和一代英豪吗？这是一。

其二，项羽在刘邦的离间计面前也表现了其直率的性格而不能一针见血地看透刘邦。另外，项羽的优柔寡断又使他在对待钟离子的问题上缺乏清醒而明智的判断与选择。其三，项羽的自尊心强，爱面子的特点又使他无法做出挽留范增的行动。范增的出走作为一代英王来说，不能不知道其利害关系。但是，项羽没有也不可能做出委曲求全的、挽留范增的行动。相反地，刘邦听说韩信逃亡，如失左右手，几天心情不好，都在暴躁，动则骂人。

在两军对峙之下，人才力量的对比就是胜利的筹码，毫无疑问。范增的出走，钟离子的冷落，削弱了项羽的力量。从而反过来增加了刘邦的力量。

第二件事，划地为王。

项羽为了维护自己霸王的地位，对下属将领不愿封王。而刘邦呢？却做出了划地封王的大度之举。刘邦对韩信、彭越等划地封王，诱使了韩彭二军参加了对项羽的围歼，就这样，刘邦就以较多的优势兵力把项羽围困在垓下，在韩信的指挥下，汉军轮番进攻，将楚军分割而消灭。

两个不同性格的人在对待封王这件事选择了不同的态度，最终造成了不同的结果。项羽认为封王会失去面子。实际上从功利来说，项羽也应该与刘邦采取一样的态度，但项羽却不能做到。这种置功利于不顾的态度说明了人的性格有多么巨大的力量。刘邦却不同，他从主观上来看，也不愿意封王划地，但刘邦为了功利，为了大业，他那大度而不拘常规的性格使他能够做出划地封王的正确决策。这样，刘邦的胜利就是顺理成章的事了。

不同性格产生不同的态度必定产生不同的后果。正如我们对马老太太分析的一样，性格的使然不可能让某人做出偏离某个人相反的态度。这是必然的，这就是性格决定了命运。从楚汉之争来说，一定的程度又决定了历史的命运。

正确了解一个人的性格能够决定一个人态度的取向作用，从而，最终判断人本身发展的方向，是科学决策的一个重要方法。

第二次世界大战期间，美英苏准备在欧洲开辟第二战场。为了确定希特勒对盟军将在 1944 年 5 月底登陆在心理上承受的能力。美国的罗斯福总统下令情报部门在最短的时间里拿出一份有关希特勒性格分析的有说服力的报告。仅仅一个多月，一份详尽的希特勒性格特征及其分析报告就到了罗斯福总统的办公桌上。这份报告中列举了希特勒的重要性格特征。

（1）希特勒认为一个日尔曼人应该有一个高挺的鼻子，才能给人以“刚毅自信，勇敢无畏”的感觉。因此，即使在苏德战场于德军不利的情况下，希特勒还是秘密地让医生不断地一点一点地加高自己的鼻子。这一点充分展示了希特勒的虚荣心。

（2）希特勒拥有一个庞大的鸟类养殖场，他对动物关怀备至，充满了仁爱。有时就是一只小动物死了他也会掉泪伤心。然而，在另一方面，他却心安理得地下令把几十万犹太人活活毒死。这一方面说明了希特勒残忍疯狂的个性特征；另一方面，对动物的仁爱又说明了他“多愁善感”的女性化的性格特征。

（3）希特勒自己不会开车，但却常常在夜深人静的时候，叫司机以超过每小时 100 公里的速度行驶，以至于司机因紧张过度而精神失常，但同时他又规定他坐的大车最高时速不准超过 37 公里，这充分说明，希特勒为了摆脱一整天心理压抑的姿态而不顾生命危险。

（4）希特勒对长桌有特别的兴趣。在召开会议时，他喜欢用一张长 15 米的桌子，以显示其威严，又与其他人保持一定的距离。这就显示了希特勒对权威的酷爱崇拜与对下属的疑虑，这典型地反映了希特勒脆弱恐惧的心理状态。

（5）希特勒年轻的时候爱上了其嫡亲外甥女，可是，其心爱的人却自杀了，这对希特勒的男女之爱是一个沉重的打击，因此希特勒不可能爱他的情妇爱娃。另外，希特勒又有只有女人才喜欢对别人的手指着迷的心理特征。

从以上对希特勒的性格主要特征的分析中，报告认为：希特勒有严重的心理缺陷，如果在 1944 年上半年发动大规模反击，希特勒矛盾压抑和扭曲的心理障碍将使他无法有效地指挥他的百万大军。罗斯福仔仔细细将这份报告阅读了好几遍，最后，他决定同意美军在 1944 年上半年参加西线登陆战。显然，第二次世界大战没有美军的参加，其他盟军不可能发动这场人类史上最壮观宏伟的登陆战。而后来的事实完全证实了这份性格分析报告的预言。

性格是人的一个基本特性，它始终贯穿在人的一生中。人的性格特征体现在人的各个方面：在文学写作方面，绘画书法方面，文艺体育方面，行为动作、工作态度、为人处事等方面，无不体现了一个人的性格特点。

古人在分析地理位置的不同人的性格具有很大的差异时说过："北方人果敢之强，南方人柔弱之强，燕赵人性格耿直，崇尚义气，邹人儒雅徐缓，楚地人剽悍急躁。"

从某种角度来看，了解自己就必须了解自己的性格，了解他人首先要从性格着手。

不良的性格常常招致失败，这方面的沉痛之苦很多人都有亲身的经历。文武双全的周瑜面对曹操的百万大军毫无惧色，而由于其气傲狭窄的性格却被诸葛亮气得含恨而死。

好的性格常常给人带来成功，对这方面能够深刻理解的人又为数不多，某些特定的场合即使你预先规划了你的行动、语言，但一到事情临头你就会不自觉地改变，譬如说：年轻人第一次约会就会出现一种身不由己的感觉。有的学生在进入考场、运动员进入赛场都有这种体验。

性格有时候就像力逾万钧的巨手把你拉来或者推开。

性格是大脑和心理活动的表现形式，因此性格就表现为一定的心理问题，如害怕就是一个很明显的心理素质问题。害怕是人类可怕的天敌，某报曾刊登这样一则故事：村里有一位年轻人要走出村子去外面闯世界，在走之前与一长者话别并请教于长者，长者给了年轻人 6 个字：“不要怕，不要悔”。20 年以后，年轻人获得了成功，回到了村里，第一个感谢的就是这位长者。

害怕人人有之，有的多一点，有的少一点。人从妈妈肚子里一出来就似乎有了害怕，妈妈要走了就哇哇哭起来，怕没有奶吃。人有千个怕，万个怕，不是怕这，就是怕那，每天都在怕，每时都在怕，早晨起来怕上班迟到，上班又怕上司责怪，工作了又怕做不好，中午的饭菜又怕不可口。一天到晚，总有担心害怕的事。睡觉也怕，有的人怕失眠，睡着了又怕做恶梦。真是一个担心害怕的世界。

哈佛大学心理学家杰罗姆卡汉在研究性格时发现：害怕

（害羞）是人人皆有的，无论在哪个文化圈内都有 90% 的成人在一定情况下表现为矜持畏缩。经过跟踪调查，从 2—7 岁胆小或胆大都没有大的变化。

心理稳定对于智力的发挥发展具有突出的意义。从这个意义上来说，良好的智力对心理的稳定有一定的调节作用。从这个作用上讲，智力有时候就是性格。性格在乒乓球这个体育项目中的作用就说明了这一点，看瓦尔德内尔打球，很多人说是一种享受，他那匀称的身体、灵巧的步伐、沉稳的心理、多变而稳定的球路，不但被人们称为“无冕之王”，而且是迄今为止在乒乓球界时间最长的拿世界冠军最多的人。

其中最主要的成功原因是他那沉稳的性格。他常常使对手不能理解，望而生畏。有时候对手的胜利不过是一步之遥，却被瓦氏一球球瓦解了。他那良好的心理素质表现在劣势中不慌不忙，面对什么情况他都能冷静地对待。显然，心理的稳定在体育运动中具有举足轻重的作用是人共知的。

性格对于人的行为举止、生活习惯等有重大作用是不可忽视的，即使犯罪这样的违法行为与人的性格也是密切相关且与先天遗传也是分不开的。

英国研究机构发现：在专门机构收容疗养的病人中，表现过分粗暴和侵犯性的犯罪行为 XXY 男性比其他男性要多 2—3 倍。

下面是一个性格杀人的故事。

1979 年，汤杰顶替母亲从农场回到上海，在上海沪民电机厂做车床工，不久陶慧芳也从农场到公交公司做售票员，汤杰和陶慧芳在一个6平方米的房子里开始了他们的婚姻生活。汤杰每月1000多元的收入，其妻还常抱怨丈夫“没出息”，抱怨自己跟他苦了一辈子，还教女儿：“他根本没有资格做你的爸爸。”汤杰很少跟陶慧芳争吵。后来陶慧芳认识了一个出租车司机，渐渐地他们好起来了。有一次汤杰盯梢，三个人在一起吵了起来，陶慧芳答应了汤杰离婚的要求，但要5万元赔偿费，汤杰当然拿不出。虽然夫妻有很大的矛盾，汤杰一个人常在家里苦闷，但在单位他格外积极卖力工作，只有到了厂里，汤杰才像变了一个人似的有说有笑，好像是一个很开朗的职工。汤杰为人和善，乐于助人，还被评为先进工作者。然而，悲剧还是发生了。那一天晚上，陶慧芳被勒死之后，被塞进了大橱，女儿也停止了呼吸安静地躺在床上，汤杰自己上吊自杀。一个受人夸奖的工人就这样做出了极端不理智的事。工友们都说：“他要是不把苦闷埋在心里就好了。”

复旦大学主攻心理学的孙时进博士认为：汤杰性格中的弱点直接促成了悲剧的发生，汤杰在家庭极度不和的情况下，在单位依然表现很开朗的假象，是出于一种自尊心和虚荣心的需要。

我们不是说：犯罪也是天生的。不是人一出世就会犯罪，不是这样的，这是一个关键的问题。即我们所说的先天性，是说某些行为，例如：犯罪它与遗传基因有关系，但任何一种性格特点，无论是犯罪基因还是有音乐家的基因都必须在相应的条件下才能表现。否则，再高的犯罪基因，再高的音乐天才都是秋天落叶随风而去，进一步说：就是一个有犯罪基因的人与无犯罪基因的人在与某种人事相撞时，有犯罪基因的人是难以逃避这一后果的。而一般地说，无犯罪基因的人则更难犯罪，犯罪的原因很多，天生的犯罪基因却是很典型的也是不可忽视的。

性格是天生的，主要是讲他的遗传性、自然性即物质性。性格的基础是由遗传基因所决定的，虽然性格的最终形成有一个成熟的过程。这一过程受自然环境和社会环境的双重影响，在性格的发育成型过程中，它同样要受遗传基因这一物质载体的制约。也就是说，这种发育不可能是无物质的，必须在一定的物质基础上才能发育成型，这个物质当然是基因，进一步说，在性格的发育成型中以及变化中不可能动摇基因的基础，这种物质基础也说明了物质的自然性，这是一。其二，性格是物质的产物，因此性格具有自然性和有序性，这种自然性和有序性的改变，通常会造成人心理上的压抑以及疾病的产生，譬如，有人遭受身体或事业上等重大打击而造成性格上的改变，所以我们说，性格改变只能在自然性的基础上才能谈到改变。

可是，性格并没有那么简单，也不是光基因就能说明问题。基因只能说明性格是天生的，是怎样的天生呢？它又为什么很难改变呢？

一、有什么结构就有什么功能，性格也是一样。性格是人体活动的表现，从而也就是物质运动在人体的表现，这就表明，性格是物质化了的东西。这种物质性就是生理性，从而性格就是物质化了的生理反应，因此有什么化学成分的人体就会有什么样的生理反应，构成人体不同的物质就会有不同的性格，体质决定着人的性格。只有体质的改变才会有性格的改变。所以体质的差别使得有的人性子急，有的人性子慢，每一个人身体化学元素构造不同，才会有每一个人的个性不同，你找不出一模一样的人，同样也找不出性格一模一样的人。从物质到生理这是性格的基础，从而是不可动摇的。

但是，作为人的性格真是很复杂的，它的复杂性表现在环境的影响。

二、由于性格是在一定环境下的反应，性格就一定会受到环境的制约和影响。性格是在环境刺激下反映出来的，说明有什么环境就能反映出什么性格，因此环境对性格的形成会起到作用，特别是在性格还没有完全定型的情况下，如儿童。

环境能够形成一定的性格特点是没有疑问的，但是我们不能夸大环境的作用，因为环境只能改变部分性格，它无法动摇性格的主体结构。

三、性格是通过意识行为来表现的，性格决定一定范围内的意识，因此对于人类来说，意识的作用无与伦比，意识的作用主要表现在改变，可是这种改变只能是功能上的，如高度信仰、利害攸关可以改变性格的部分功能而不能动摇结构。

以上充分说明了性格很难改变，这种很难还反映在性格的机制上。

为什么会有性格呢？

那是由物质的能量所决定的，因为所有的物质都有反应的天性，人也有这个天性。

为什么会有动物，那是因为所有的动物都有反射机制，人也有反射机制，正是反射机制使人体在对外部环境的反射下形成了条件反射，正是条件反射有了应激反应，而性格就集中表现在应激反应上，正是应激反应使我们还没有来得及思考就迅速地作出了反应。性格的麻烦就在这里，性格会使我们犯错误就在这里，如果我们思考好了再反应，我们的错误将会大大地减少。

英国科学家的一项最新的研究表明：应激反应快于主动行为。伯明翰大学的研究人员在新一期《皇家学会学报》上报告说：他们在实验室里模拟“决斗”场景，被测试者要击打自己面前桌上的一排按钮，更快完成行动者获胜，测试中没有“开始”信号，因此被测试者如果不是开始主动出击，就是看见对方行动时产生应激反应，结果显示：后行动的一方完成整个行动所需时间比主动的一方平均要少 21 毫秒。研究人员推测：大脑在处理主动行为和应激反应时有不同机制。

我们说，所有的应激反应都是先天性的，是无意识的、未经思考的惯性反应，所以其反应速度快于主动的经过意识的反应，性格正是这种先天性反应的一种表现形式，从而就是一种人的本能：碰到会给自己带来愉悦的事和人就高兴，碰见会给自己带来不愉悦的事和人就不高兴，高兴和不高兴有多种多样的表达，这就看各人的性格。这种本能早已在人的进化中固定下来，人怎么能够改变它？的确，从古至今，很多脾气不好的人想过要改脾气，也有的人确实想了不少办法，如古代人会把“制怒”或“忍”字挂在墙上。如上面说到的马老太大改了一段时间，但最终改不了。为什么性格很难改，就是因为性格是先天性的，它已经成为习惯性反应，你就必须用另一种习惯取代它，而习惯不是一朝一夕能形成的，要长期不断地努力才有可能形成新的习惯，然而这对要改脾气的人来说是多难呀！

性格很难改，这是不是说性格就决定命运呢？不是的。

为什么？

因为人的选择行为，特别是重大的决策更多的是主动行为而不是应激行为，应激行为主要表现在毫无准备的突发事件或惯性反应中，所以事情过后有很多人会后悔不及。

由于性格是先天性为主，它看起来有巨大的惯性力量，但是人的命运却不是性格说了算。人的选择行为不仅是由智力来完成的，而人的选择行为在进化时就已经利益化了。因此，智力越好命运就越好，你只要看看这个社会上的人，命运更好的大都是智力更好，决不可能是所谓性格好的人，性格在人的命运中是很表面化的，命运的好坏完全取决于深层次的智力，我们可以进一步分析项羽与刘邦的成败。

范增的出走与封地为王是项羽失败、刘邦成功的两件重大的事件，两人的性格不同取向就不同，看起来是性格问题，实质上是智慧问题。

在两军对峙中，智慧显得头等重要，刘邦知道，项羽武艺超群但无计谋，而范增智谋过人，在这种情况下刘邦想打败项羽是根本不可能的，所以刘邦使用了离间计，可是项羽却没有深刻地认识到，范增离开了自己，就不会有更好的搭档，也根本没有意识到范增一走，自己就要灭亡，如果项羽能估量双方的智勇对比，知道自己有可能灭亡，他又怎么会不把面子丢在一边而留住范增呢？何况他和范增有着深厚的感情，正是范增看出项羽自负又不听劝告而难以取得天下，正因为项羽认为范增走了他还一样可以取得天下才有了范增的离走，这难道说不是项羽的智力比刘邦差吗？它又怎么不败在刘邦手下呢？

同样的封地为王又证明了刘邦能权衡利弊，虽然封王对以后的纷争留下了祸端，这原本是刘邦不愿做的事，可是他却偏偏做了，为了打败目前最大的敌人，刘邦必须联合其他力量，事实证明刘邦做得对，而项羽却不能做到这一点，这不是智慧又是什么？

所以，是智力决定人的命运。

智力

智力是人类在社会活动中主要的生存本能，它与体力一样，表现出人本身的能力，从而能够改造自我，改造世界。因此，研究智力就必定是科学不可缺少的一门主课。

智力在我们的生活中具有领先的地位，在工作、在学习、在许多地方，智力都在决定我们的生存质量，所以我们也应该知道一点智力的问题。

科学对智力即大脑的研究无疑是一个长征的过程，但科学对于智力的遗传、自然环境的影响等先天性的研究与社会环境等后天性的研究，以及对智力本质的初步认识，似乎给了我们很大的启示。

在智力遗传方面的研究中，有“双胞胎”和“养子研究”已经得出这样的结论：（1）不同的环境对性双胞胎来说其智商相差无几。（2）养子的智力与生父母类似，受养父母的影响成分很少。

正如世界上一切事物都有其矛盾发展过程，对智力的认识同样也是这样，与智力是遗传的先天性说法持相反观点的人举起了实验主义的这面大旗，在美国 1905 年进行了一项名为“大脑开发计划”即给智力差的孩子以更优良的环境更优秀的文化教育，以增强对智力差的人强度刺激。其结果可想而知，最后的学术报告，显然不能使环境论者满意。

健全的遗传基因是人的智力发育发展的基本依据，我们现在已认识到明显的先天性的重要性。如先天性耳聋的人不可能建立起声感觉程序，这个声音感觉系统首先是由基因的健全以及发育正常与否相互联系。基因的不健全以及发育的不正常将导致声音系统程序的障碍，然而形成了智力的缺陷是根本无法改变的。

我们实际上不需要也没有时间去描述这种研究机构及研究人员对智力的遗传和对智力的后天影响的多种资料。人类长期观察的直接经验和人类长期实践活动的结果，已经对智力的先天性有着约定俗成的看法，即笨拙的大脑很难使其灵巧起来。美国一个空军上尉说出了一个很简单而又很普遍的道理，被称为“墨菲法则”。这位空军上尉说：如果一件事情有可能弄糟，让他去做就一定会弄糟。这个法则在西欧各国广泛流传开来。

如果能够通过后天的努力可以根本改变一个人的智力，可以说是唯心主义的表现，如果能够这样，人类会为之欢呼高唱，全部的诺贝尔奖金给他也无可争辩。

大脑是结构和功能的统一体，人脑的感知、学习记忆和思维等功能是神经网络的活动反映，是神经元之间的协同效应，大脑是物质的产物，物质的东西只可以用物质的东西去改变或代替。

功能是结构的产物，一定的结构有一定的功能，但是由于意识的能动性，一定的功能可以影响到结构，从而能改变部分结构，而这能够改变的部分也恰恰是结构有其可改变的地方，换言之，任何功能的作用都不能改变其主体结构，主体结构是基础。

大脑也是一样，可以通过环境的不断的条件反射使得智力有一定程度的提高。

我们在这里要把这种智力的开发与智力的改变区别开来，智力的开发与提高必须在物质的基础上，即在智力具有一定潜能物质存在的情况下，才能谈到开发与提高。实际上，智力的开发与提高主要是一个量的问题，而智力的改变是质的问题，把智力量的增加说成是智力的改变显然是偏激的观点，智力的本质是不可改变。智力的开发与提高主要是一个信息量的问题，人们可以不断地大幅度提高大脑的工作效率，输入大脑大量的信息。但不能超越大脑工作的极限，也不可以改变大脑物质功能有序的工作机制，否则，大脑就要出问题。

物质的东西只能用物质来改变。人的心脏有毛病可以换一个心脏，随着科学的发展，人类不仅可以移植动物的器官，今后还可能移植聪明人的基因给智力差的人。当然，这又会产生一系列的社会伦理等问题。

物质的东西只有用物质来改变是唯物主义的观点。想用非物质性的东西改变已经物质化的智力，显然是无法实现的主观唯心主义的表现。

智力的开发与提高必须在“有”的基础上才能实现，无好的智力素质任你如何开发与提高，只能是效果甚微。具有一定的好“智力”素质，是开发与提高人智力的依据和基础。同样智力的人，在心境良好冷静的情况下比在心境较差或烦躁不安的情况下智力的表现就不相同。如在入静的姿态下人的智力以及体能的潜力就会一定程度的发挥。这种人在一定的心境中智力得到一定程度的发挥与提高，决不能说成是智力的改变。

人体功能的调节和控制是通过神经元与液体来实现的。开发人的功能态从后天的努力来说具有突出的意义。

在美国俄亥俄空军基地的实验室内，一位科学家用“意念”轻轻地操纵飞机向左向右拐，科学家在头皮内接上若干电极，接受大脑神经发出的脑电波，经计算机处理后，发出相应操纵飞机的指令，而不用手脚。

奥地利科学家成功地使一位瘫痪的病人用脑驱动控制来完成他原来无法控制的排尿。这样看来，意念不仅能调节心理活动，也能够调节一定的生理活动。

诺贝尔奖金获得者斯派瑞就提出：人的最高层次的意识活动可以影响下一层次的活动。人们的行为活动都是靠大脑来指挥完成的，因此大脑意识高层次的活动不仅能指令心理与一定的生理活动，也能指令躯体的活动是人脑功能的奥妙所在。这充分说明了意识是有能量的。

人脑意念的开发，显然是建筑在大脑神经的基础上的。人的能量不仅表现神经元上，也表现在液体中，美国的科学家研制成功一种奇妙的人体生化电池，就是利用人本身的血液发电。那种心脏起搏器用这种电池最好不过了。

开发人体的功能态，它确实可以使人更聪明，使人能更大限度地发挥一个人的聪明才智。这种开发与提高必须在“有”的基础上，必须在“聪明”的前提下才能加上“更聪明”，你不能说你的后天努力使某个愚蠢的人变成了聪明的人，这一说法显然是不存在的。智力的差异表现在遗传上是明显的，不同的遗传基因奠定了不同智力的物质基础，就连男女之间智力的差异在遗传基因上也一样表现出来。

1992 年美国得克萨斯大学卫生科学中心专家德拉可斯尤塔敏森和哥伦比亚大学神经生物学家拉夫赫路在《科学》杂志中提出：他们在解剖 14 个“正常”大脑中，其中 5 个是女性，9 个是男性，在比较脑部胼胝体的形态结构中通过拍摄原片中投射放大绘图，测量胼胝体长度每部分宽度和表面积，发现胼胝体左部（尾部或后部）存在着男女的不同。这种不同真实地反映了男女在智力上存在着一定的差异是先天性的。

智力的开发与提高还表现为一个方法的问题，智力是大脑与心理活动效率的表现形式，智力也就反映一个人分析问题解决问题的能力，所以从智力效率的角度上来看，要更好地提高分析问题、解决问题的能力就有一个方法的问题，方法的不同形成的结果也不同，采取正确的方法是智力优良的一个特征。这种方法正确与否既是智力程度的差异和表现，也是后天努力程度的表现。

智力又表现为不断地吸收与不断释放的形式，加大信息量的接受与正确方法的选择是智力提高增加的后天努力最重要的手段。

一定教育的普及和提高是一定文化形成的基础，一定的文化是知识经济科学技术的先决条件，一定的文化也是接受先进思想的必要条件，不仅社会的发展依赖于先进的思想，人本身的发展程度也取决于思想。任何一个优秀的科学家、政治家、哲学家首先是思想家。

思想的不同表明了不同的文化，而接受文化程度的不同就反映出智力的不同。

智力反映了一个人分析事物解决问题的能力，破获印度有名的“红蝙蝠杀人案”，可以说是智力优良的突出表现。

英国剑桥大学在1995年1月举行了为维尔特教授在印度破获著名的“红蝙蝠杀人案”的纪念活动。印度的塔尔大沙漠有一座中世纪的古堡，从50年代开始，很多的人和游客都在这个古堡中丧生，在古堡疑案中，没有发现任何的伤痕，法医多次解剖分析也无法确定死因。由此，对古堡疑案的各种猜测以及迷信的说法就接踵而来。英国的探险家乔治自然是一位无神论者，其冒险的胆大基因不用说强于一般的人，乔治不相信这种奇怪的传说。于是乔治一行人就来到印度的古堡。结果是乔治一行人命丧黄泉。印度政府只有出告示：奖 1 万卢比给能破案的人，却还是无人提出能破古堡疑案，许多人都为此担心，维尔特却不以为然，他给一个猴子注射了麻醉药装入鱼网，自己钻进铁箱抓住从小洞里伸出来的套住鱼网的网绳，从洞里观察外面的动静。

子夜，蝙蝠来了。

古堡疑案终于在维尔特博士的手中破获了。原来，人们在古堡过夜的时候，有一只蝙蝠用它那钢针一样的“硬刺嘴”深入人和哺乳动物的脑壳吸脑汁。由于刺子细小隐藏在人脑部的头发底下很难发现。

智力是人的主要能力，它反映了人认识客观事物的能力。吸收信息分析与解决问题是衡量一个人能力大小的重要标志，也是一个人智力优劣程度的表现。人的一生中每天每时都在不断地接受信息，不断地需要分析和解决问题。因此一个人能力的好坏差异、智力的优劣直接影响人的行为活动。

从我们小时候进学校起一直到工作，甚至于娱乐活动都能检验一个人智力的水平。好的智力不仅表现在接受能力上，也表现在解决问题的能力上，因此其适应性就更强，拓展了生活与工作的广度与深度，成功率就会更高，命运走向好的方面可能性就大。相反，一个人接受能力解决问题的能力差，适应性也差，活动的空间与时间范围就小，成功率就更低，个人命运走向好的方面的可能性就小。

所以我们说，智力可以决定人的命运，这是很多人都能接受的观点。

智力决定人的命运表现在多方面。智力差的在学校中学习成绩就差，在学业中很容易被淘汰；智力越好的人，学习成绩越好，升学率就越高，成才的机会也就越大。不仅在学习中，在工作中以至于在事业中都依赖于人的智力。

邱吉尔是一位很著名的天才政治家，对邱吉尔富有智慧故事的传说有很多。

在第二次世界大战中，英国的邱吉尔在危难中接替了张伯伦。邱吉尔是一位文武全才，打过仗，做过随军记者，得过诺贝尔文学奖。

邱吉尔领导的英国在第二次世界大战中的胜利具有鲜明的智慧特征。1940 年英国与希特勒交战时，英国中东司令威活尔认为：战争的结局取决于军事力量的对比，而印吉尔认为取决于意志和决心。1940 年夏天，英伦三岛同占据了半壁欧洲的希特勒根本没有抗衡的可能，在这千钧一发的时候，正是邱吉尔钢铁般的意志和睿智的军事策略取得了决定性的胜利。1941 年夏天，希特勒攻打苏联的时候，邱吉尔又一次做出了明智的选择。邱吉尔历来反十月革命，强烈的敌对意识没有使他作出错误的选择，他选择了联俄。邱吉尔说，为了消灭希特勒，哪怕希特勒打到地狱，我也会马上去与魔鬼交朋友。第二次世界大战希特勒的失败，主要是由于英美法俄共同作战。邱吉尔还很善于调整自已的策略，不断与罗斯福融洽与斯大林打交道，保持一致协调的作战。如戴高乐是一个倔强性格的人，谁的账也不买，总认为法兰西是一个伟大的民族，而罗斯福却始终不把戴高乐放在眼里，邱吉尔却常常能够疏通他们之间的关系。

智慧的作用不仅表现在一般的情况下。更重要的是在极端困难的情况下，在特殊的境遇中。好的智力能够承受更大的抗击打能力，能够适应艰苦的环境，人顽强的意志卓越的行动就充分地体现了人的智慧。看一看在第一次国内战争时，毛泽东、周恩来面对蒋介石数百万军队，能够发动秋收起义和南昌起义这样不同寻常的举动，这一方面反映了共产党人重大信仰的力量；另一方面也反映了毛泽东、周恩来这种顶天立地的大智大仁的气概，在力量悬殊十万八千里的情况下居然能够想到推翻一个王朝，打败国民党数百万军队。一般的人能做到吗？这首先是智慧的支配，而决不是盲目的冲动。

蒋介石会败给毛泽东除了客观原因外，更重要的是智慧的较量。蒋介石的文化低于毛泽东是很明显的，这在他们两个人的言谈举止中都能表现出来，毛泽东的大智大慧展现在诸多方面，你只要看看他写的矛盾论、实践论等深刻的哲学理论著作就知道。

蒋介石根本就说不出更写不出这一类的哲学著作。然而，蒋介石 800 万军队会败在大大少于他的红军而逃往台湾就是必然结果。

三国演义中的刘备、关羽、张飞三兄弟的智慧不足以打天下，就连落脚的地方都没有，所以必须去寻找智慧之人诸葛亮。刘备自从有了诸葛亮之后，事业一天天红火，以至形成了三国鼎立的局面，不能不归功于诸葛亮，不能不归功于智力。

有人认为自己是有才能的人却被埋没了，在某种特定的境遇中也许是可能的。但是，从广义的时空观念来说：埋没人才是不存在的。

小时候，我总是自命不凡。常以“胸有大志，腹有良谋”而沾沾自喜。后来接触的人多了，到的地方多了，渐渐地知道这个世界上的英才不少。何况自己在生存竞争中并不“优胜”，失败多于成功。作为一个聪明而有才能的人来说，埋没只是一个很狭小的范畴，有才能吗？你为什么学习成绩不是排在最前面，为什么考不上名牌大学，东边不亮西边亮，做生意不行当官去，当官不行搞技术，搞技术不行搞体育活动，搞体育不行搞艺术活动，搞艺术不行搞文学，搞文学不行总有一样行吧？这么多的行当，这么大的空间如果都没有你的去处，都不能发挥你的才能，这只能说明你适应的范围很小，才能很单一，智力也一般。实际上，对于人才来说，正如化学家眼中的世界里没有废品一样。

人之间智力的竞争是一个很突出的现象。智力越好，成功的可能性就越大。当我们生活在很小圈子里自以为是的时候。看一看中国人才较集中的地方：深圳、北京，如果有条件再去世界人才更集中的地方纽约，我们才会真正知道什么叫优秀人才，也才能深刻地体会到智慧竞争的最高原则是优胜劣汰。

从古至今，从国内到国外，找不出智力差的科学家、文学家、政治家、军事学、经济学家，这些伟大的“家”都有一个聪明的大脑，他们所依赖的主要基础是他们先天的智力优良。其次才能谈到后天的努力。那种把后天的努力凌驾于先天物质基础上的说法是不切实际的、不负责任的、主观唯心主义的观点，唯物主义的观点强调物质的第一性，精神的第二性。实际上，精神也是物质的产物，它是物质化的大脑活动的形式，精神只有在物质的基础上，才能谈到精神的作用，精神受物质的制约与影响。物质是精神的前提与基础，物质虽然也受精神的影响，但这种影响很难改变事物的本质。

智力的先天性是讲它的物质性，智力是自然的产物，它是大脑思维的表现形式。但智力又在实践中不断地发展发挥，这样智力又既受自然环境的支配，也受社会环境的影响，它是自然与社会的有机统一，脱离了自然，智力不可能存在。脱离了社会，人的智力不可能发展。人的智力发展到今天，一方面是自然进化的作用，另一方面又是社会进化的作用。社会进化是在自然进化的基础上实现的。人的智力社会化也是在自然的基础上实现的。因此，研究智力首先要从自然中，从物质中，即从宇宙中去研究。智力的行为效率首先是自然的结果，也是社会环境的结果。研究智力也应当从社会环境中去研究，社会是人生活的环境，这种社会环境的条件也制约人的智力发挥发展。因此，必须给人以良好的社会环境以便充分发挥人的主观能动性。

开发提高人的智力具有良好的社会条件是很重要的，就是说，良好的教育和文化的陶冶对智力的发展发挥具有自然不可替代的作用。良好的社会环境是智力发展发挥的后天条件。因此，社会的发展进步与人类智力的发展发挥具有同步意义。良好的教育水平一定的文化程度是衡量一个社会民族发展与进步的重要标志。民族智力的素质反映了社会发展的整体水平，自然界智慧生命的进化形成了人及社会，人的智慧是促进社会发展的最关键性因素，人的智慧也是社会进化的本质。从这个本质上来考察，还有什么基础建设能超越人智力的开发与提高吗？

一定的智力反映一个人一定的能力。多大的能力做多大的事。一定的民族素质反映了社会发展的本质与力量。因此，从社会发展的整体水平上来说，智力是社会发展的主要因素，是其他要素所不能替代的。

人脑的进化形成了社会而促进了社会的进化，社会的进化反过来又促进了人脑的进化，这就是智力的自然性和社会性的统一。自然性是社会性的基础，社会性必须在自然性的基础上才能得到发展。

学习的窍门（上）

学习有窍门吗？你可能会大惑不解。

我们在《规律》一文中说过，任何事物都是有规律的，学习也不会例外。

什么是学习的窍门呢？

记忆。

学习是在思维中进行，而思维又必须在记忆中进行，学习的过程实际上就是记忆的过程，因此，只有了解记忆，才能增强思维能力。

任何学习都是在记忆中进行，记忆力差的人学习决不会好，好的记忆力是学习成绩好的前提，要想学习好，就必须了解记忆，不了解记忆的规律，我们的学习就会盲目地，或者只有靠天资来决定学习成绩的好坏。

知道了记忆的规律，一定能事半功倍，当然，你也不要忘了，请我们吃上一顿大餐。

你肯定看过，有的人有着惊人的记忆力，如在中央电视台播放的一位女的，能够记住《新华字典》上的任何一个注音字。真是太神奇了。然而，如果我们知道了记忆的规律，加上我们还有不错的记忆力，很多人就会有这样的神奇。

你肯定不相信，因为你已经学了好多的记忆法，总是奏效不大。

然而，那么些记忆法只是一点小经验而已，重要的是我们要从记忆的机制上了解它。

这就要求我们了解：记忆是怎么来的？它为什么能让我们记住，为什么人的记忆力会有所不同等等。

我们在《思维是怎样来的》一文中对记忆的产生有了一定的探讨，在这里我们将进一步来认识记忆。

记忆的产生是由于物种受外部环境的刺激，它首先是由周期性的有规律的刺激产生。正因为生物的记忆是由有周期性的有规律的刺激产生，生物的生长也就会有周期性和有规律。

春天，万物生机盎然；夏天，生机勃勃；秋天，叶落草黄；冬天，万物沉寂而眠。这些都是生物钟的效用，也就是生物钟记忆功能的作用。

我们的睡眠也是如此，到了时间，记忆会告诉你，睡觉去吧；到了时间，记忆又会告诉你，醒来吧！

我们的行为活动看起来没有人指挥我们，实际上，记忆每时每刻都在控制着我们，我们支配自己的权力是如此之小，身体一透支就会不舒服，严重的还要老老实实躺在病床上。记忆是我们的生命，没有记忆，生命不复存在，记忆时刻都在维护我们的生存，记忆总是与生命共存并行，记忆从来不会忘记通知我们，什么时候该吃饭，什么时候该上班，什么时候该休息。

我们人类所有的活动，记忆都要控制着我们，我们的学习又怎么能够逃脱它的魔掌。

记忆为什么能够指挥我们？

因为我们的身体是记忆的载体。动植物也是记忆的载体，记忆不仅会指挥我们，它也指挥着动物，指挥着植物，一切有生命的物体记忆都要指挥。记忆不指挥动物，动物就会迷失方向，就会不知怎么来活动，也就根本不能生存，更不能繁殖后代，植物也是如此，人也不会例外。

正因为人体、动物体是记忆的载体，我们就能够从人的化石找到祖先们生活的踪迹，从动物的化石找到动物进化的痕迹。也正因为人体是记忆的载体，我们就能够从人的行为活动找到其行为的根据，从而知道：哪些是先天性行为，哪些是后天性行为，什么是熟练的，什么是第一次的。总而言之，知道了记忆的机制，我们就能更好地工作、更好地学习。

因此，我们一定要认识记忆。

记忆源于物质的反应，它是自然法则的必然结果。

所有的物质都有吸性和抗性，因此所有的物质都有反应的天性。水会蒸发，石头会风化，就连铁也会氧化。

地球在自然法则的演化下产生了，地球上有水、有土、有空气，还有太阳和月亮，正是有这些会反应的物质演化出生命，这些生命来源于那些有反应天性的物质，从而这些生命就有了它自己的反应机制，生命的反应机制来自于周期性的有规律的外部刺激，由于反应，这些周期性的有规律的刺激就产生了记忆。例如，阳光一出现，喜光的植物就会更快地生长，没有光了，这些植物就懒洋洋。

生物反应机制的形成依赖于刺激，不断的刺激留下了记忆，所以反应机制就表现在它的记忆力。记忆力越好，生命力就越强。

光合作用对记忆的形成起到了极为重要的作用，大约有50万种有机体有光合功能，植物的光合功能尤为明显：雏菊在白天开花，一到夜晚它就要睡眠——合上花瓣。

正是有机体的记忆使得生物有了意识。正是有了意识，生物就开始了有移动。从而，动物的生存活动需要更好的记忆。

南来北去的雁总是能够循规蹈矩，在空中飞来飞去，往返的路程长达数千公里，从来都不会迷失方向，也不会忘记家乡。

蜜蜂离开蜂巢飞上飞下，会离开蜂巢到很远的地方去采蜜，它还能够返回蜂巢把同伴带到有蜜的地方，却从来不会失忆。

家鸽养了一段时间，把它放到很远的地方，它能够很准确地飞回来。

蛇能够不迷路，是因为它有良好的嗅觉

这都是记忆让它们如此神奇。

上面所列举的都是反射性记忆。反射性记忆不仅包括嗅觉、味觉，还有触觉和痛觉等。动植物对于力、冷、热及化学的刺激都能作出反应，从而能够形成反射性记忆。例如，人的皮肤一出现瘙痒，手就会去抓痒的地方，这个抓痒的反射性动作是由瘙痒部位的脊髓反射器产生，从而瘙痒一出现，手很自然地就会伸到瘙痒的地方。

同样，我们的手一接触到火光立即就会缩回来，这个反射性动作并不需要经过脑就能作出反应。同样，我们学开车，一开始手忙脚乱，但多做几次后，它就成了反射性动作，不需要用脑子就想踩油门了。

植物、藻类、细菌以及所有的动物都有共同的记忆——反射性记忆。所有植物、动物的生长即新陈代谢都是由反射性记忆来指挥、来控制的，没有任何一种生物会没有这种记忆。

植物的反射性记忆是随着物种的形成而形成，这就与它们生长的自然环境紧密联系。所有的生物都是日复一日地一代又一代地形成了各自的有规律的生活习性，这种生活习性的记忆是不容改变的。在海滨沙滩上的一种黄棕色硅藻，在海潮到来之前，为了不被汹涌的海潮冲走，它很自觉地钻进了沙滩的下面，当海潮一退，它马上就知道从沙滩底下钻出来。

研究人员把硅藻装进一个玻璃缸里，对硅藻进行观察，发现硅藻即使在玻璃缸里，同样如同在海滩一样，没有海潮的涨落起伏，它照样每天周期性下潜和上升，下潜和上升的时间与海潮涨落的时间完全相同。

动物的反射性记忆不仅与其生存环境相联系，也与它们的食欲紧紧相连。

非洲角马是地球上最壮观的迁徙大军，随着夏季旱灾的来临和青草被吃光，它们要寻找水源和食物。每年的 7 月，坦桑尼亚北部的几十万只角马，都会排成长长的浩浩荡荡的队伍，齐齐地向 500 公里以外的马腊平原迁徙，到了冬天，角马又要长途跋涉地返回自己的故地。

反射性记忆让动物的生存空间更为扩大，为了生存它们能够长途跋涉而不迷路。自然界寒来暑往，春华秋实，许许多多的动物要随着季节的变换而迁徙，鸟类尤为如此。在地球 8600 多种禽鸟中，大多数鸟都要迁徙，这除了鸟类的飞翔特点外，最重要的是它们有着良好的记忆。这种记忆便是它们生存的本能。

这种本能深深地注入在基因中，从而不同种类的动物都能够凭着这种记忆的本能生存繁殖，一代又一代地遗传下去。

德国的鹳鸟有两个品种：一个生活在东部，一个生活在西部，但它们在一定的季节都要迁徙到埃及。两个品种有两条迁徙路线，西部的鹳鸟经法国和西班牙，又飞越直布罗陀海峡，沿着北非海岸到埃及。可东部的鹳鸟似乎更聪明，它们绕过地中海的末端直接就到了埃及。

科学家做了一个很有趣的实验。他们把东部鹳鸟的蛋移放到西部鹳鸟的巢穴并做上记号，等西部鹳鸟孵出小鸟后发现，跟随西部鹳鸟长大的原东部小鸟长大后迁徙时，并没有与它的同伴一起飞行，却还是按照它的祖先东部鹳鸟的迁徙路线。

不同的物种反射性记忆有很大的差别，这充分反映在它们的行为活动中。

地震对人类来说是一个可怕的天灾，地震的可怕就在于它很难预知，叫人防不胜防。可是有的动物却能够预知地震，如在唐山地震发生前，就有猫、狗、鱼等一些动物已感应到，从而作出了反常举动，这都是因为这些动物有着很强的反射性记忆功能。

正因为不同的动物反射性记忆功能不同，有的动物就可以被人类利用。如海豚经过训练可以表演很高超的技艺，不同动物的反射性记忆功能有所差别是因为它们有着各自的生理特点，良好的反射性记忆功能与其生理结构是一致的。响尾蛇和蝮蛇两种蛇的鼻孔后面一点的地方都有一种特别的热源探测器，这种探测器能够极端敏感地察觉别的动物走近时所引起的微小的温度变化。

反射性记忆的机制是刺激，因此它不需要思维就能够作出反应。

正因为反射性记忆不需要思维，所以它不仅能够存在于植物，也能够存在于动物之中。不同的是，动物的反射性记忆是在意识中进行，因而动物的记忆就能够表现得很神奇。不过因为动物的反射性记忆与意识相连，这也同时决定了动物的记忆又受到意识进化的制约，因而低等动物只能有反射性记忆而没有形象记忆。

反射性记忆出现在脑结构之前，因而它没有任何思维，它也不需要大脑，它只要有生物体就行，因此反射性记忆就存在于身体的各个部分。

反射性记忆是所有生命的反应机制，从而使得它们能够生长、生存、繁殖。反射性记忆同时也是动物最基本的记忆方式。同时它也是人类最基础、最初的记忆方式。

为了加强对反射性记忆的认识，我们归纳如下。

1. 反射性记忆的机制是刺激。2. 生物体是反射性记忆的载体，生物体的各个部分都存在着反射性记忆。3. 反射性记忆形成于脑结构之前，因而没有思维。4. 反射性记忆作用的强弱大小取决于反射体的生理机能。5. 反射性记忆是生物生存的基本本能，它也是人类活动的基本本能。

反射性记忆进一步进化就是形象记忆，形象记忆的出现是与眼睛相得益彰的。因此，形象记忆是高等动物才有的。形象记忆也同样是人类的记忆。

形象记忆是反应机制的一个重要内容。它是由视觉对物体得到的映像。

意识的起源

从意识的概念中，我们知道了只要生物体存在神经细胞就能产生意识，也就是说，生物体开始有了神经细胞生命就有了意识。

那么，意识是怎样来的呢？它又是怎样产生的呢？

光合作用对意识的产生起到了关键性的作用。

在最早的地球生命中，大约在35亿年前，那些微生物就开始了能够从阳光中获取能量，地球生命的能量几乎都要从光合作用中产生。最早的生物在地球形成的早期就已经出现。科学家在微体古生物化石中发现了最早的细菌、蓝细菌等，迄今发现最早的古生物化石是35年前在南非发现的燧石。

早期的微体生物化石是一些能进行光合作用的蓝细菌，在早期发现的一些叠层石是光合蓝细菌与矿物周期性交互生长与沉积所形成的特殊构造。

由于光合作用，使得生物较敏感的细胞转化为神经细胞是生物体的革命。

由此可见，光合作用在动物的起源中起到了关键性的作用。由于光照是周期性的，这就形成了生物体的周期性反应，这种不停的反应使得生物体内产生了激素，激素的希腊语 HA（唤醒），正是这种具有唤醒作用的激素使得生物有了生物钟，从而不断地唤醒又使得有了意识，有了移动。

美国弗吉尼亚大学的科学家在研究时发现：通过减少普通老鼠接受的光照强度，可以使老鼠受光体不再敏感。他们据此培养出了对光敏感性降低的老鼠品种，这种老鼠可以在白天活动晚上休息，这就把老鼠的生活节奏打乱了。负责这项研究的科学家苏珊·多伊尔说：“这一发现极具价值，因为它使我们真正了解了眼睛受光体是如何控制生物钟的，并影响活动、休息节律。”

更有价值的是：光合作用是如何形成了生物钟，从而决定了动物的起源。光合作用改变了地球的面貌，地球的生命从此获得了新生。

我们说过，无机物转化为有机物是由于物质本身具有演化的能量，即物质在一定条件下有自动转化的功能，这种功能源于物质本身的两性，无意识的生物转化到有意识的动物同样遵循这一法则。

动是物质的本性，任何物质都有两性，任何物质都具有自动和被动的属性。但无机物的动是无意识的反应，它不具备神经细胞的结构分子，然而无机物的动不是自觉的运动，也无法自觉的移动。作为生物的动物却是有意识的动，是有目的动，是自觉运动，因为动物已经有了神经细胞这一物质。

日本科学家发现一种叫原生质黏菌（单细胞生物，有多个细胞核）的生物具有记忆力和神经活动性。北海道大学的研究人员对一种名为多头绒泡菌的阿米巴门原生质黏菌施加一系列周期性刺激后，它能够学会其中的变化模式并能够按照预期，在下一次刺激到来之前改变自身的行为。更加有趣的是，研究人员发现即使刺激停止，这一记忆仍会在多头绒菌体内维持数小时。

这项研究充分说明了单细胞生物具有意识性。

记忆是意识的重要内容，也是意识起源的关键性因素，正是由于所有的物体都有反应的天性，使得不论是无机物还是有机物都有反应的属性，反应是能动的表现，因此只要对生物体施加多次相同的刺激，生物体就会形成条件反射式的反应，然而在一定时间内生物体就会自动提醒作出相应的行为，正是这种不断的自醒慢慢地改变生物体的反应机制，从而形成了反射性记忆，促进了最初的意识的形成。

动物的反应机制表现在生物钟，而生物钟又来源于反应，正是反应才有记忆，正是记忆形成了生物钟，正是生物钟效能又产生了意识。

美国斯坦福大学的研究人员称：生物钟的作用也许远不止控制节奏那么简单。生物学家诺曼·鲁比通过对西伯利亚仓鼠的研究发现，正常运转的生物钟对于仓鼠的记忆力至关重要，他说，如果没有了生物钟它们就什么也记不住。学习记忆保持能力似乎取决于一种叫做 GABA 的神经化学物质的数量，GA-

BA 有抑制大脑活动的作用，所有哺乳动物的大脑能否正常运转，都取决于刺激大脑和抑制大脑的神经化学物质之间的平衡。生物钟通过释放 GABA 来抑制大脑不同部位的活动，从而控制从睡眠到清醒的循环。大脑中的海马区是储存记忆的部位，如果海马区受到过度抑制，负责记忆的神经回路就无法正常运转。鲁比进一步说道：这些神经回路需要活跃起来，才能在分子水平上强化记忆和对记忆编码。

有反应就会有记忆，记忆是形成生物钟的前提，没有记忆就不会有生物钟，正因为如此，生物钟才能生成记忆并能够储存记忆。生物钟机制的形成是记忆，这种记忆是由于生物体长期受到外界有规律的周期性刺激而形成了反射性记忆，正是这种生物体所具有的反射性记忆使得生物在一定时间有一定的活动，正是这种有规律的活动使得生物有了移动，从而有了最初的低级意识——反应意识。

意识是这样的起源：反应—反射性记忆—生物钟—反应意识。

生物钟效能带来了意识，它不仅可以从光合作用、从记忆的研究中得到证明，还可以从生物钟本身的结构、功能得到充分的说明。

1. 所有的动物都要有生物钟，动物正是凭借生物钟来进行生命活动。动物的生命活动总是要遵循一定的规律，不管是企鹅定时定地的活动，还是鸟儿定地定时的迁徙，离开了生物钟它们就无法生存下去。正因为生物钟效能产生了意识，所有的动物都有意识，离开了意识动物一步也不会移动，也根本无法遵循它们生命活动的节律。

2. 生物钟主要来源于光合作用，因此，生物钟最主要的特征就是日节律，即白天与黑夜，白天绝大多数动物都要出来活动，夜晚动物们就要睡眠，睡眠是无意识的标志，反映出动物演化的两个不同的阶段，即从睡眠到觉醒，移动是有意识的标志。从生物能够移动的那一天开始，低级意识就出现了，动物也就出现了。

3. 生物钟是环境的产物，所以动物一方面必须遵循它们活动的基本规律；另一方面，它又能够适应一定的环境变化，如光照的强弱、温度的高低等。正是生物钟的反射性记忆使得动物能非自主地调节生命活动，也正因为动物有意识它又能够自主地调节生命活动，当然也正是生物钟使得我们有两套神经系统。

4. 生物钟效能所以会带来意识，关键是生物钟的结构所决定的。生物钟由三个部分组成：振荡器、输入通路和输出通路。分子生物学研究表明：振荡器是生物钟的核心部分，正因为生物钟具有振荡器的结构，所以就能够把外界环境的刺激通过振荡的功能把信号输入生物体内，从而又可以通过振荡的功能输出信号。外界如光的刺激信号千百亿的反射就有了规律性的振荡，从而就有了生命活动的规律性。

意识形成于生物体的反应机制，从而是生物钟效能的结果。从生物体来说，意识起源于单细胞生物。

犹太人更聪明吗

人都希望自己聪明，更聪明的孩子也更讨人喜欢。常常会听到人说：这人很聪明。聪明，是我们的常用语。因为不仅在人生的道路上，在我们的日常生活中，聪明都是最重要的。由此，很多的人关注聪明、研究聪明，正是这样，犹太人的智慧就被很多人传扬。

我看过一本专门研究犹太人智慧的书，叫《犹太人的智慧全集》。书当然写的很好，也很有事实根据，对于探讨犹太人的成功大有裨益。但对于读者来说，很容易形成一种看法：犹太人更聪明。

是的，不仅常人会问：为什么有的人就更聪明，科学家也在探测，他们要找到聪明人的根据，那些聪明人的大脑结构与平常人有什么不同？当然，作为犹太人的杰出代表爱因斯坦就被那些痴迷者推上了前台，爱因斯坦的天才脑袋被切成了一块又一块——二百五十块差十块。

乖乖！可怜的爱因斯坦。

我们庆幸，是一般人的聪明才保住了脑袋——智商100。

英国的国王大学是牛顿的母校，最近该校对 80 名学生智商测验结果令人吃惊，有 8 名学生智商高达 160—161。而比尔盖茨、霍金、爱因斯坦的智商都为 160。

然而，爱因斯坦的脑袋就是切成万块也找不出有什么超人之处，因为爱因斯坦的脑袋和所有最聪明人的脑袋在结构上一样，它绝对不可能和那些很聪明人的脑袋有两样，它也决不可能高人一等。

为什么？

我们先要知道，人的智慧是从哪里来的，我们说过，人的智慧不是天上掉下来的，是人类在制作工具中一步步培育出来的，所有人的智慧不管聪明与否都取决于这个过程。

从人种来说，全世界的民族在智力上不可能有大的差别，人与人个体之间在智力上才有大的差别。

为什么？

这是因为我们的智力是在进化中获得的，所有的民族都经过这个培育过程。

在原始社会，原始人是群体生活，他们共同采集、共同狩猎，因此制作工具是群体的工作，正因为是群体的工作，他们就一定是群体的智慧，没有任何一个原始人会脱离群体，否则，他就会孤立，就会难以生存，或者变成野人。因此，从社会、从民族来说，这种智慧是共有的，同时也是相同的。任何一个民族都经过这个共同的智慧培育过程，因此各民族在智慧上是相同的、平等的，决没有这个民族很聪明，那个民族不聪明。

民族之间在智慧上没有高低之分，从个人来说，民族内个体之间却有很大的差别，为什么？

这是因为在群体不断的扩大时出现了劳动分工，正是分工使得每一个人的工作不同，正是不同的劳动锻炼出不同的体力和智力。

劳动分工对人类智慧有着特别重要的作用。有的人打猎，这一部分人更多的是有力气的人；有的人是采集，这一部分人主要是女人和老人；有的人专门挑拣制作工具的原始石块或树木；还有的人专门打制或磨制石器。显然，后两部分人最需要动脑瓜子。

木棒要挑选好的树木，不能太大太小，要直的不能弯的，要坚硬的不要太脆的等等。石块的挑选也是这样，石块不能脆的，不然一加工就散了，也不能太大太小，一切要以好打好磨为准，因为要挑适合的石料和木料就要比较，正是需要比较就有了分析。而比较分析更多的是打制磨制石器者，打制磨制石器者最需要动脑瓜子，首先他也要比较那一块石料更好加工，当他在打制石块的时候，如果有样，他要不停地看样，从而要不停地比较分析。如果没有样，他就要不断地“想”要打成的样子，他要不断回想、联想他所要加工成品的模样，当这种模样经多次的回想、联想后就形成了想象，他只要一看到他所熟悉的石料就能想象出他所能加工的工具模样，正因为在制作工具中有了想象，使得工具制作者会想象出更多的工具模样，从而反过来又促进了工具技术的发展。因此，生产工具的历史越长，越是到生产工具的后期工具制作就越复杂，人的脑子就越灵光。

由此可知，最能培育智慧的一定是打制特别是磨制石器的人，不同的劳动培育出不同的智力的人是毫无疑义的，正因为智慧是培育出来的，不同的劳动就会产生不同的智力，因此个体之间就会有很大的差别。

我们的智慧是祖祖辈辈遗传下来的，它绝不是天上掉下来的，更不是什么外星人给的，正因为我们的智慧是祖先的，它才能遗传下来。但你的智商高，并不等于你的祖先完全是打制磨制石器者，因为祖先经过不知有多少代，他的智慧会嫁接，基因会变异。正因为智慧能遗传，所有人的智慧都是在一定的层次范围内，没有人能超出这个范围去世外桃源，所谓超人的智慧根本就不存在。

那为什么犹太人更出色，更有钱，更多诺贝尔奖呢?

我们说过：人的智慧来自于两个方面：一是遗传是先天性的，二是后天努力的。后天的努力至关重要，因为智力在主体上是遗传的，是没有办法改变的，人要更聪明，唯一的办法就是后天的努力。

怎样才能更聪明，怎样努力才能更出色，犹太人做得最好。

首先，是勤奋。

勤奋是获得成功的主要手段。我们常说，天上不会掉下馅饼来，掉下来的东西要么是垃圾，要么是很容易捡到的东西，越是珍贵的东西就越难得到，因此就越需要更艰苦的努力。如诺贝尔奖，不仅钱多，荣誉之高就更不用说了，要想得到诺贝尔奖决不是一件容易的事，这也是很多人的梦想，要实现这个梦想可不简单。

先要看自己的天分有没有可能取得这么优秀的成果，这就需要你全面地审察你的过去，还要研究分析那些得过诺贝尔奖的科学家，这就有大量的工作，而不是粗粗的研究研究，这一步肯定很累。第二步更会使你头痛，你要大量地收集科学领域中很多的研究课目，哪些可能得到诺贝尔奖，并且它必须适合你，还没开始就已累得发烦了。更累的是在后头，从你的研究开始，你就必须老老实实一心一意地扑在研究工作上，不分白天黑夜，你的大脑装满了那个研究的东西，其他的东西你都不应该让它挤在大脑中。这就表明，你除了不停地研究，你还有吃饭的时间，当然为了那个东西，你还可以少睡眠，不过在梦里你也不要忘了与那个东西见上一面，当然你还很想见见老朋友什么的，与他们聚会喝上两杯，当然你最想见的也许还有情人，花朝月夕、良辰美景，还有那花花世界，你舍得吗？人生那么短暂的时间不抓紧时间享受行吗，你会一年又一年守着那个研究的东西吗？

诺贝尔奖获得者能够做到。

没有一个诺贝尔奖获得者舍不得割爱，没有任何一个诺贝尔奖获得者不勤奋，正是勤奋，使得他们获得了最高的奖赏；

正是勤奋，使得犹太人得到更多的诺贝尔奖。

犹太人的勤奋不仅表现在诺贝尔奖方面，在获取知识方面也名列前茅，统计数字表明：犹太人的人均读书量排在世界的第一位。就凭这一点，犹太人的智慧就比我们高，因为人的知识和经验是成功的基本条件，而每一个人的知识和经验是十分有限的，正因为有限，使得我们的成功就限定在一定的范围，而读书能扩大知识量和经验，把前人的、把那些聪明的知识和经验通过读书成为我们自己的是后天智慧的集中表现。

书是人类智慧的结晶，当然，那些误人子弟的功利书除外。通过大量的读书而获得更多的知识和经验，借他人之力，这不表示犹太人更聪明吗？

二是环境。

人的成功是主客观共同作用的结果，从而环境的因素最不能忽视，而犹太人的生存环境与其他民族截然不同，二千年来，他们总是在世界各地流离失所，没有自己的国土，没有固定的家，这种漂泊并不能使犹太人更聪明，但却逼迫他们走自己的路。

我们如果老是流浪，没有家乡，我们会感到怎么样？

正是这种特别的生存环境造就了犹太人特别之处。首先，他们要生存，没有自己的土地，不能从事农牧业；其次，他们没有自己的房地产，也不能开工厂，他们最好的生存之道应该是他们的优势，这些流浪汉还有什么优势吗？流浪就是他们的优势。正是流浪，使得他们走遍天下，有了很多商品的知识；

正是流浪，使他们知道了各国的风土人情；正是流浪，使他们获得了他人所没有的见识。

环境使得他们知道，做生意富得最快，有钱走遍天下，没钱寸步难行，可以什么都不要，只要有钱，有钱就有道理，就有权势。做生意成了犹太人最好的生存之道，有钱成了犹太人人生的最高哲学，这样的民族不富才怪。由此可见，呆在家里只能鼠目寸光，走遍天下能放眼世界。因为不能挑选生与死，每一个民族乃至每一个人都不能挑选自己的智力，只能挑选一定的道路，当人脑结构的进化已经到了一定的阶级，剩下来的就是接受信息的问题，你的大脑接受的信息越多能量就越大，处理问题的能力也就越大。正如电脑，输入的信息越多输出的信息也越多，除了天生外，人的聪明就在这里。

三是信仰。

犹太人有着铁一般的信仰，无论他们流落在世界的那个角落，无论他们遭到怎么样的屠杀，也无论他们陷入什么样的困境，他们总是相信他们是上帝的宠儿，一定会受到保佑。

犹太人坚定的信仰据说与犹太教的先知是分不开的。犹太人在巴比伦做俘虏的时候，遭受着非人的虐待，他们总是梦想着上帝耶和华会派一个“救世主”来拯救他们，使他们能够重返故土。这个想法一个传一个，许多先知在俘虏中广泛地传播这种救世主的思想，要使大家都相信：救世主很快就会降临，犹大国必将复兴。时间到了公元前538年，波斯灭掉了新巴比伦，犹太人被放回了故土。先知们的预言正好与这一个历史事件相吻合，使得犹太人更坚定了他们的信仰。

正是犹太人有坚定的信仰，他们总是相信上帝就在身边。虽然流落世界各地，他们很难被其他民族被其他人同化，他们心中总有自己的祖国。正是有坚定的信仰，使得他们的自信心特别强，而自信是走向成功的强心剂。

我们能够放弃很多享受而勤奋吗？我们经过困苦的环境吗？我们有坚定的信仰吗？没有，就没有人家聪明。

“阴阳五行说”的实质是什么？

阴阳五行说是中华民族独特的思想文化，它一直贯穿在中国古代及现代中国人的意识形态中，我们甚至可以说，没有阴阳五行说中国社会文化的方向都截然不同，所以我们还得谈谈阴阳五行说。

1. 阴阳是万物生化的规律，万物互相联系，互相影响。阴阳必须保持平衡，如果一阴一阳太过或不及，事物就要起极大的变异。《易传》上说“一阴一阳谓之道”。老子说：“道生一、一生二、二生三、三生万物，万物负阴而抱阳，冲气以为和。”“物极必反。”

2. 宇宙万物是以金、木、水、火、土五种物质形态存在，这五种物质形态的变化具有相生相克的原理。而人作为“小天地”也是应该有五种物质形态的结构。如果人缺少或多了某种物质，人就不能保持平衡稳定的状态。《洪范》中说：一、五行：一曰水，二曰火，三曰木，四曰金，五曰土。水曰润下，火曰炎上，木曰曲直，金曰从革，土爰稼穑。二、五事：一曰貌，二曰言，三曰视，四曰听，五曰思，貌曰恭，言曰从，视曰明，听曰聪，思曰睿。

阴阳五行的表述最早见于《易经》和《洪范》。

但《易传》说阴阳不涉及五行，相反，《洪范》讲五行也不涉及阴阳。到了春秋战国时期，阴阳家邹衍才把阴阳与五行结合起来解释人事了。

阴阳五行的出现，一方面被天文、地理、农业、医学等自然科学接受过来；另一方面，阴阳五行解释人事的一切，使哲学历史也被接受过来了，特别是阴阳五行中关于用五德来解释历史人物及社会发展的观念更容易被人接受。

董仲舒为了给汉代的政治、社会文化的统一新秩序提供理论依据，把阴阳五行说与人天观统一起来，并与儒家的哲学、道家的神学结合起来，给传统思想文化奠定了理论基础。

事物对立统一的矛盾现象是物质世界的普遍规律，这种规律所产生的现象在自然界、社会中有大量事例。古人在对自然界和社会的长期观察中，深刻地认识了这阴阳普遍现象。因此创立了阴阳的观念。

阴阳的观念实际上就是矛盾的观念，阴阳平衡就是统一的观念，因此阴阳实质上就是对立统一。阴阳五行说把物质看成五种形态结构，并且不断变化，这种变化的规律就是相生相克。这种观点显然具有朴素的唯物主义辩证思想，这也充分说明了中国古代人的智慧立于世界之林。

人类在一定历史的条件下，只能认识物质世界的表面形态，这就是金木水火土，不可能像现代人所认识到的物质的

109 种元素。

从表面上看，我们周围的世界也只有这五种物质的形态，所以当把阴阳五行说用来解释社会现象时，自然就会受到很多人的信服，人们只要多观察、多注意身边的事物，就不难发现阴阳五行说说得有道理。

阴阳五行说从辩证的观点看待万事万物的变化，认为万事万物是五种形态的朴素的物质观点是我国古人认识上的飞跃，虽然这种认识上的飞跃是在一定社会生产力的水平上，是在一定的认识层次上，但它却反映出古人对宇宙认识的唯物主义伟大的哲学思想。

阴阳对立而又依存普遍存在。

动物中存在的阴阳即孤阴不生，孤阳不长现象也充分说明了对立统一的普遍性。科学家发现，将雌雄两只壁虎的尾巴断开放在地上，断下的尾巴会不停地乱蹦乱跳，两只雌雄的尾巴会越跳越近最后拧成麻花，很难把它们分开。

从哲学的观点来说：阴阳是矛盾的两个方面，阳是矛盾的主要方面，阴是矛盾的次要方面。它们互相影响互相制约，这种阴阳即矛盾的对立统一，是事物发展的动力。

只有事物的平衡和不平衡才能一方面保持事物的稳定，另一方面又是质变的重要条件。万物是这样，人与社会也是这样，必须在平衡和不平衡中发展。平衡不能引起事物质的变化，不平衡又影响了事物的稳定。事物的平衡即稳定是事物发展的根据。事物的不平衡是引起事物变化的必要条件。两者相互影响，互相制约，从而促进事物的演化。

阴阳的观点是对立统一，五行是物质的观念，因此阴阳五行说反映出中国古人高度的智慧，同时也说明了中国人的智慧与全世界人民的智慧是同一的。一点也不比西方人差。

物质为什么能够运动，事物为什么能够发展，这源于物质本身的两性，即吸性和抗性的对立统一。

物质的两性已经被科学证明。在原子中，电子会不断地围绕着原子核旋转，如此小的物质居然会旋转，旋转正是两种力交锋的结果，任何一种自然力都不可能转弯，更不可能旋转。旋转一定是两种力作用的结果。

正因为物质本身具有吸性和抗性，物质就能自己运动起来，而不需要任何神秘力量。

可是，也正因为古人是在一定历史时期所产生的哲学观念，它就要受到一定历史阶段的认识限制，从而不可能从科学的研究成果来认识世界，也就不可能知道对立是由物质本身的属性所决定的，因此阴阳说就一定会涂上神秘色彩，就很容易被迷信所误导。所以，有的人会认为阴阳五行说是迷信的，是不正确的。

正因为阴阳五行说是正确的，它才会成为中医的理论基础。

正因为阴阳五行说是正确的，使得我们能够正确地认识这个世界，而不是一个又一个的说法。

吸性和抗性是物质能量的两个方面，它们统一在物质中而不可分割，没有吸性的物质不存在，没有抗性的物质也不存在，从而没有两性的物质也不是物质，因而它也没有能量，也就不能够演化。

吸性是物质对立的主要方面，抗性是次要方面，从而在物质的演化中就能发现总有一方是主动的，更有力的，处在更显要的位置；而另一方总是处在次要的位置，被动的。它们相辅相成，相反相成，促进物质的演化和进化。

由于吸性是物质存在的主要方面，抗性是次要方面，因此它们总是不平衡的，正是这种不平衡使它们产生变化。但是，物质的变化又受到吸性和抗性的限制，它不可能乱变化，物质必须有一定的稳定，这种稳定既平衡又要靠吸性和抗性的对抗来完成。

从阴阳五行说中，我们一定要树起中国人的自信：我们是最棒的。

命运之谜（上）

这是一个令人啼笑皆非的故事。

1993 年夏天，浙江省如东县两次遇到暴风雨袭击，人们正忙于抗洪救灾之时，不知从哪个村子传来了阴府的冥冥之声：阴府也在闹大水，如果阴间的大水退不了，阳间的大水也下不去。祖宗正在阴间大战洪水，做后代的也要助一臂之力。于是在人类这个第一世界里，如东县老老少少掀起了一场轰轰烈烈支援第二世界的抗洪斗争。大水来了，自然要棉被衣服、雨鞋之类，当然吃的也不能少，米肉还是应该捐赠的，至于被洪水围困了，应该紧急派一条船去，造船是来不急了，买船呢也不行，好在中国人祭祀向来是廉价得很，那就用纸和布编成一条船吧！这一场支援阴间的抗洪救灾的斗争涉及如东县好几个山村，其人员之多令人咋舌，有个山村几乎每个家庭都参与了，以至于如东县抗灾物品连日暴涨，真是肥了那些做生意的商人。

可笑吗？不知道可笑不可笑。中国有多少人迷信鬼神，大陆没有人统计，台湾有一个调查：那是 1994 年底，台湾民族研究所做的，受访者有75%相信灵魂。美国也有一个调查，有55%的人相信有魔鬼。

人类似乎最怕的就是鬼神，无怪乎泰国女兵就是难过去墓地与尸体共眠的那个训练项目。

毋须赘说，这是一个普遍的现象。

在人类的生活中，似乎人与天堂地狱脱不了干系，只要看一看下面的数字就会知道：

香港庙宇近千座，平均6000多人就有一座。美国平均每900多人就有一个教堂。泰国的寺庙高达3万座。

我国大陆虽然没有全面的统计，但只要一点零碎的统计就可一叶知秋。

一、浙江苍南县重建和新建庙宇837个。

二、福建省罗源等县30个行政村有116座寺庙。

那么多的庙宇是神灵永不倒塌的殿堂，那么多的香火缭绕是灵魂永生不灭的吐故纳新。

我们看不见真神，偏偏要一代又一代地把名人请进神的庙宇。这种把人神化的实用主义俯拾皆是。

从周朝的姜太公到春秋战国的孔子，从三国的关羽到现在的很多名人都被神化了，就连克林顿也曾被神化，克林顿当总统时，很多人去其家乡希望镇，每天有数百到成千人到这个只有万人的小镇观看，那种想沾一沾克林顿风水宝地的人能否如愿以偿，这得看克林顿的性丑闻能否云飞雾散。

每一位圣人都有一个神话的故事，每一个神话故事都是一个谜。

政治需要把人神化，经济也需要把人神化。

在香港油麻地一个色情带子的租住店里，香港警方居然发现店内神位上所供奉的竟是西游记中的猪八戒，那店主告之：猪八戒是神无疑，你看他腾云驾雾助唐僧取经，途经八十一难而完功而返，猪八戒的好色定能招引那些好色的徒弟而来，店内生意必当兴旺。

好一个色情神，猪八戒的好色竟能给色情业带来财源，真是妙不可言！

那种倒霉时喝凉开水都塞牙的人似乎总有魔鬼缠身，而幸运的人总是觉得时时都有神灵的保佑。真所谓：神无处不在。

人要是能借助神的力量多好啊！人的命运能够靠神来改变多美啊！

有多少传说就有多少谜，人类社会的历史似乎就是一个不断发现谜又不断破释谜的历程，无论是漫漫人生的社会之谜，还是浩渺无际的宇宙之谜，还有那岩浆涌动的地球之谜。

我们没有那么多的时间去理睬那么多的谜。但是下面这个谜你就不能不理睬，不能不担心了。

时间是1998年6月29日，地点是四川省资中县双河镇胡明家。29日晚9时，胡明一家围坐一起看电视，胡明突然感到肚子痛便去上厕所。约摸过了10多分钟，胡妻见胡明未归，便到厕所去，看见胡明全身抽搐，口吐白沫。胡妻大惊失色，惊问："胡明你怎么啦？"胡明咬牙不答，胡母起来与胡妻把胡明抬上床，掐人中、针刺手指、灌开水等土法皆无效。不料这边胡明未好，胡妻又一声倒地抽搐，口吐白沫。胡母惊慌失色打电话叫亲戚来，3小时后，胡明抽搐几下便死了，次日凌晨5时，胡明的岳母（周翠华）刚进门询问了几句，也一声倒下地来。看见亲人一个个倒下去，胡母脸色铁青浑身发抖又叫舅舅来，胡明的舅舅刚听完情况介绍，又一声扑通倒在地上抽搐不已，紧接着胡母也一声倒地。到7月1日上午，胡明10岁的外甥李海波给舅舅吊孝，一个小时后也倒地气绝身亡。

这一连串的无缘无故地死去几个人，双河镇震动了。

公安调查了又调查，法医分析了又分析，专家来了一个又一个，什么原因都是，什么原因都不是。

怎么回事？只有天才知道，还有就是迷信术士知道。

“胡明家闹鬼了，鬼要人的魂了。”巫婆这样说。

“胡明家的风水有邪！”风水先生如是说。

“胡明家谁的八字太硬了，克人！”算命先生肯定地说。

谜，这就是谜的再生力，它丰富了多少人的想象，勾引了多少人的爱情、谜啊！迷住了多少人的迷信，牵引了多少人的牵挂。不知道什么原因就可以随便讲什么原因，大家不知道的事情最好办，那就是随意讲，好比有人说画鬼最容易。

与胡明家这个谜相似的，是美国密歇根医院发生手术后突然连续无缘无故死去几个人。这个谜震动了美国，好在美国的科学家多得很，一个又一个的试验最后说，是空气传染了病毒，多么可怕，空气可以携带致死病毒，那还了得，人类能防疫得了吗？

你担心不担心？

苏格兰有一名胜地，它既不是自然景观，也不是人文景观，它叫百蛇墓，蛇还有墓吗？

1882 年，荷兰“斯白突勃”号货轮，在北海驶向苏格兰途中突然触礁，船被撞了一个大洞，海水无情地涌入大船舱内，眼看货轮就要沉没了，船长密朗斯紧急召集全体船员，准备弃船逃命，惊恐中大家乱作一团。正准备逃亡时，轮机长突然跑来向船长报告，船可以行驶了，什么？这可能吗？

当船长和船员来到有大洞的舱边，人类航海史上也是人类生命史上的奇迹出现了，在船舱长 4 米、宽 2. 8 米的大洞上堵塞着近百条“斯卑”蛇，它们胶黏在一起密不透水挡住了汹涌的海水，挽救了大船，所有的船员都被眼前的情景惊呆了，纷纷向挽救他们生命的蛇作揖敬礼！

人到了这个时候你还会不作揖敬礼吗？

因为有这些不解之谜，才有迷信的人啊！

原来天底下有许许多多不能想象的事情会发生，有许许多多不可能发生的事情会出现。

有许许多多千奇百怪的传说，就有许许多多花模花样的谜。不知道是传说嫁给了谜，还是谜生育了传说，也不知道这些传说出自哪座的山头，哪个的胚胎，更不知道这些谜能滋生多少的子子孙孙，管它孵出来的是小鸡还是大狗，只要能够出笼就可以了。

王莽当政时，太守惟义知王莽欲夺取汉室政权，暗中准备征兵讨伐。惟义的哥哥惟宣家中养了几十只鹅，突然有一天一只野狗窜入庭院，咬死了所有的鹅。家人大惊，欲追野狗却已不知去向。惟宣深感不测。三天后，王莽夺取了政权，诛灭了惟义三族。

多么合情合理的预兆，多么顺理成章的命运！

浙江杭州钱塘江潮，每年农历八月十八日那天最大，是天下一大奇观。南宋绍兴十年（公元1140年）据说钱塘江潮到来之前两个晚上，钱塘江居民恍惚听见空中有人说话：今年桥上死者数百人，全是凶淫不孝之徒。八月十八日那天钱塘江大桥站满了人，潮水异常凶猛把钱塘江大桥震坏折断了，落入水中数百人，有人来收尸，看见道路上写着：死者全是平生道德败坏之徒。

伟大的神明啊！你真能够惩治那些凶淫不法之徒吗？那些烦琐的法律条文去见鬼吧！有我们的神明在，叫你七月半死，你活不到八月半。

这些经人传说形成的谜又经人把谜再生更玄的传说，好一个谜团，如原子核裂变冲上云霄的蘑菇云，浓浓烈烈，黑黑白白，怎么不会叫人恐惧，怎么不会叫人虔诚呢？

这些令人产生迷信的传说不知会长多少只脚，生多少只翅膀，似乎只要能够游太空，窜入地狱就可以。

武则天死后立了一块无字碑，惹得多少后人去考证、去猜测，认为甲乙情况的有，认为丙丁情况的也有，真是无字胜有字，无声胜有声啊。

就连我们的圣人孔子，据考证是野合而来的，什么野合？说白了就是私生子，真丢人现眼，那个掐指算来，证明孔子是周王之后的真正君王的董仲舒岂不会气得七孔流血吗？

奇怪了更奇怪，无怪乎台湾文人张晓风会说：科学家、诗人都是因为“惊奇”。

当然惊奇啦！看见唐伯虎一幅《九美图》，更断言唐伯虎娶了9个老婆，为了进一步指证：那秋香就是老九。

当然惊奇啦！历史上的潘金莲据史料证实确是一位贤妻，纵使你说了一百遍，考证一千回，人们还是愿意相信潘金莲是个大淫妇。

写这些传说，比去瑞典吃一顿诺贝尔大餐还要光荣；看这些传说，比徜徉在迪斯尼乐园还惬意；听这些传说，比吹拂着夏威夷的海风还要舒爽。

我们生活在一个谜的海洋、谜的世界里。

拿破仑的死是谜，希特勒的死也是谜，闹了好多年，死还没有闹完，近年又闹希特勒是男还是女还需考证，更可怕的是列宁的死也是一个谜；乔伊娜百米速度是谜，死也是一个谜。一句话，名人是谜。

名人是谜，名物也是谜，譬如说戒指也是一个谜，中国人带戒指可以辟邪免灾；还有，爱神之箭还得根据女人带戒指的手指不同而瞄准方向。古埃及人认为人体的血管将心脏与无名指连在一起，偏偏印第安人就要把戒指放在食指上。

好多年前，法国一家杂志刊登了一则邮购戒指的广告，花189法郎就能买到一枚“交好运”的戒指，不出一个月就有好运或者发财。

这则广告使得这个公司一个月获利8000多万法郎，其结果可想而知，一个月以后退货者居多，世人大呼上当。

这就是迷信，这就是信谜。

有一则故事可说是奇中之奇，谜中之谜。

卡尔洽斯是古希腊著名的占卜家，那一天，他正在种葡萄，另一位占卜家预言他吃不到自己的葡萄酿成的酒，卡尔洽斯自己占卦却不然，但他还是注意有一点危险的事就远离。

秋天到了，葡萄酒酿成了，卡尔洽斯为了证实那位占卜家的错误，在家设宴招待大家，宴会开始了，卡尔洽斯走到那位占卜家面前，那位占卜家说：不会错啊！那是神的旨意啊！卡尔洽斯听后哈哈大笑不止，奇怪的是，随着卡尔洽斯笑声的停止，他的呼吸也同时停止了。

这则故事外国人讲，中国人也讲，讲的人神乎其神，听的人诚惶诚恐。

谜！真是一个充满神秘的世界，充满魅力和魔力的世界。

明王忠隶退朝后，看见一位大臣反复几次回头看一位美女，王忠隶开玩笑说：“这女子很有力气。”那大臣道：“你怎么知道？”王忠隶说：“如果不是这样，你的头为什么像是被牵引着向后转呢？”

多么形象的比喻啊！

谜的力气与美人的力气相比，哪一个大呢？

谜的诱惑与娼妓的诱惑哪一个更可怕呢？

往下看吧！

1984年，那位英国的球“谜”为了看英伦杯足球决赛，竟然连杀掉妻子也在所不惜，只是等他看完球赛，才想起是因为妻子关了一下电视机而连捅了妻子七刀。

这个球“谜”。

1993年6月的一天，自称“刘大仙”的农妇，因老伴宋世钱与子女吵架而惹怒了她，就用神的口谕指示子女：“用绳子把老头捆起来，掐住他的脖子不要放松。”其儿宋为忠及三个女儿和一个女婿，十分相信神意，连犹豫都不存在，可怜的父亲被子女活活地掐死。长女婿从外面回到家认为这样做不对，讲了几句不满的话，刘大仙又说长女婿是死鬼，又指示子女活活打死了长女婿。

河南郑州一位农村干部竟自称是“真神”，硬是用木杆活活地把儿子和有病的妻子打死。

1993年，公安机关查取利用迷信骗取钱财害命的案子有9000多起，处理犯罪人员1.7万人，正应了那句“七十二行，诈骗为王”的话。

天下有多少谜在梳理着我们的大脑，又有多少传说穿梭着我们的灵魂，更有多少风俗融化在我们的血液中。

中国：出门碰见棺材会发财，听见猫头鹰叫会死人，农村小孩得了病，可以把“魂”招回来……

日本：清晨弄死了蜘蛛会损害一个人的灵魂……

爱尔兰：往地下洒一杯酒会带来幸运……

美国：从楼梯下走过，打破了镜子，捡到了硬币，敲打木头，都对命运有极大的影响……

尼日利亚：夜间在房子里扫地会带来坏运气……

苏格兰：三只天鹅起飞，是一场民族灾难……

古今中外，人人都要知命，屈原放逐而问天命，孔子失意而五十知天命，从汉武帝到明太祖，从蒋介石到里根夫妇，就连袁世凯想当皇帝也要丢掉张铁嘴的那条老命。

从西安到洛阳，从广州到北京，街头巷尾总有算命看相先生的足迹，从小孩的读书考试到开工厂办公司总有占卜问仙的影子。

看相、算命、占卜的书汗牛充栋，翻印了又重印，重印了又翻印。而反对迷信的书躺在书店里，睡着了又醒，醒过了又睡。

东南亚金融风波过后，百业凋零，唯有香火业更加兴旺。

国人大呼给希望工程捐款，乡干部为建校舍挨家挨户地劝说，而建寺庙随便叫一声更千呼百应。数千万人没有钱读书，有人大呼：再苦不能苦孩子，而只有木鱼声的庙宇却是再没有钱也不能少了香火钱，一个九华山每年来烧香的人100多万，少说香火费也有几千万元，加上途中花费，少说也要一二十亿元。

这就是命运之谜，这就是谜之命运。

人到底有没有先天的命运，我们能不能找到开启命运的钥匙！

为了达到对人类命运的了解，古人创造了30多种知命的方法，这说明了古人对命运的重视。但由于历史、思想、文化等原因，这些知命术不可能达到一种科学的知命方法。

在科学昌盛的今天，人类也无法推算一个人在具体的时间和空间里会发生什么具体的事。

古人想认识自己的命运，总是在不停地探寻着。就拿天干地支来说吧！什么叫天干地支呢？一般人会说那是甲、乙、丙……子、丑、寅……，这样解释是一具体的表达方式。实际上，天干是指天上的星体对人的放射作用，这种作用表现为一种阳的作用即主要的作用，所以用树的主干来表示，叫天干。地支是指地球对人的养育作用，地对天相对是阴，阴是次要作用，所以用树的枝条来表示，叫地支。把天上和地上的作用合起来，产生对人的作用，就是天干地支。

天干地支是算命术的灵魂，算命术认为所有人的命都是天干地支演化的结果。

人与宇宙中的星体及其能量有很重要的联系是古人的人天观，在西方被称为“人择原理”。在春秋战国时，石申的《天文星占》把天上的星宿划分区域与诸侯国对应起来就是这种典型的人天观的表现。

在汉朝，司马迁不仅把汉朝的区域与天上的星宿对应起来，他还认为人间的演化与天道变异有关，在其《史记》中就表现了这种思想。司马迁不仅是一位历史学家，还是一位思想家、天文学家。他曾任太史令、执掌史学和历法。公元前104年，司马迁和壹遂、落下闲等人改革前人的历法，创立了太阳历。

我们在中国的历史上不仅看到石申、司马迁这样的天文学家，更有知名的科学家张衡，隋唐时期的僧一行、刘焯等著名的天文学家，他们都认定天体运行对人影响的重大作用。这是值得深思也值得研究的。

在占星术盛行的西方就更不用说了。包括哥白尼由占星的目的而发现了太阳中心说。中世纪的天文学家第谷和开普勒、意大利科学家、医学家卡儿达诺，还有刻卜勒和牛顿。这些天文学家在对天象的观察中、研究中认识到天体运行对人的重要影响，从而对占星术感兴趣。在这里，我们仅仅是说天象运行对人的命素形成以及发展有重大作用，而占星术仅仅是一种知命的方法而已，方法与理论是两回事。

科学与迷信是格格不入的。

中国人听见猫头鹰叫时，更认为有人死了或者快要死人了。而科学的解释是：猫头鹰可以嗅到快要死或已死人的特殊异味，所以叫起来。

某些人的怪癖出现，算命中认为是五行中有缺的东西，而专家普遍认为，这些人身上缺少某种元素。如四川省巫山县官渡乡凉村村民龚清孝5年来吃草成癖，一天不吃草就不舒服。江苏江阴县19岁的姑娘解萍娟二年不吃一点饭，专饮凉水。

辽宁省新民县公主屯莫家山村一位叫王玉兰的，每天要吃50多张32开大的纸，30多年不间断。

西方的科学技术走在世界的前列，但丝毫也没有使占星术走向衰落。常常令人不解的是，为什么西方科学那样发达，而相信占星术的人却依然如故。

据调查，法国有75%的人相信占星术是科学。1978年一项调查，美国1750种报纸有1200种有占星算命专栏。

实际上，西方的占星术以人出世与天上的星座对应起来，并以此为基础，推算一个人的流年，这与中国的八字算命术相比，从方法论上看简直是小巫见大巫。

八字算命术出自中国的占星术，可谓称得上是“青出于蓝胜于蓝”。不仅如此，还应该说八字算命术把中国的占星术送进了坟墓，中国占星术的衰落并不是神学的悲剧，反而是神学的喜剧，真正的悲剧是中国的天文学在宋代以后与占星术一起走向了衰落。

这就表明，中国科学的滞后不仅是孔孟之道的中庸哲学缺乏变革的思想束缚了社会发展的翅膀，而神学色彩的进一步深化又捆住了科学技术发展的双腿。

在浙江省海盐县一个鹰巢顶上，每年农历十月初一或偶尔初三，人们可以看到日月并升的奇景，这早在明代就有记载被埋没了近千年。1980年杭州大学的冯铁凝先生偶然从古籍中看到这一记录，并在当年十月初一亲自观察到这一奇特的景观。

西方的科学技术从12世纪后开始流传到中国。常常令国人称赞不已，如明人李日华的《柴桃轩杂缀》中写道："其纸如美妇之肌，不知何物也。"号称纸的发明国，竟然看见西方的纸会惊讶到这种程度，科学落后的状态真叫人吃惊。

正如河水的泛滥不是因为河床太窄，镜子的磨损不是因为面孔苍白一样，中国科技的落后自然还有其内在的原因。

文化是社会的表现形式，它是反映和传播思想的基本方式，迷信文化与传统文化都束缚了我们的思想，就拿那种以"春秋"命以书名持平原则而言，难道不是反其自然吗？

没有冬的孕育那有春的复苏，没有夏的炎热那有秋的萧杀，能持平得了吗？

自然在不断地演化，自然进化是社会进化的基础，自然尚且不能持平，社会能持平吗？

传统文化是相对静止的历史概念，传统文化有再大成就也只是古人的骄傲，我们现化人要骄傲就要创造自己的现化文化，不能创造或者没有自己优秀的现化文化，我们凭什么去骄傲，相反，我们还应该感到惭愧与羞涩。

惭愧与羞涩如果能激发我们的斗志有什么不好？骄傲远去了理智，谦虚又远离了激情，我们需要激情，但不是那种麻醉自己的骄傲，我们需要理智，更不是那种冷血动物的谦虚。

我们为什么要牢牢抱住传统文化的粗腿，尽情在那儿不断地荡着秋千。日本的豆腐在美国吃香，更指名道姓地说："豆腐的祖宗来之于中国。"

“比萨饼是马可·波罗在吃中国的馅饼受了启发而出世的。”

“足球的发源是从中国宋朝开始。”

“喇叭裤是早已穿在唐朝人的身上……”我们的落后有时是不是与麻醉式的骄傲连在一起呢？

值得深思。

如果说，1840年前中国的皇公大臣还能骄傲地数典着家珍，文人还能躺在儒学文化的摇篮里悠悠自闲的话，那么，1840年以后，他们就不能不睁开双眼看一看科学巨人的模样了。

当中国人告诉西方人，中国这个礼义之邦的三跪九叩首的皇帝大礼的时候，西方人也告诉中国人，急促的枪炮声远远超过了坚锐的盔甲。

几乎是一个昼夜，达尔文进化论的原则“优胜劣汰”就摆在了我们的面前。

然而，中国人自有中国人自己的办法，在抗击洋人入侵中国时，义和团请来了“黄莲圣母”这样无所不能的仙人，可是仙人也对付不了那些达尔文的徒弟们。真怪！

神仙是帮不了忙的，世界上也没有什么神仙，要是有神仙的话，人间为恶的人、为恶的方式不会越来越多；要是有神仙的话，就不会有饥饿和战争，人类自有其自身的进化规律。

从1840年到1910年，中国的先驱者付出了不懈的努力，从鸦片战争到太平天国、义和团运动，从戊戌变法到百日维新，从康有为到孙中山，无一不对中国的命运进行了斗争和探索。

有识之士关心国家的命运，而更多的人首先关心的是自己的命运，但国家的命运与个人的命运是紧紧联系在一起的。

人类自古以来，不仅十分关心并想了解自身的命运，也想了解人死后的命运，例如：葬人就表示了每一个民族对生命的存在与生命消失后的愿望与寄托。中国的皇公大臣除了用奢侈品陪葬外，还用活人陪葬。

埃及人用装饰物和用具来陪葬。北欧海盗呢？他们一生与武器相伴，陪葬当然就用武器了。

可怜的印第安人信奉“土地就是一切”的简单哲学，陪葬就用面包。

人埋葬的位置也有所不同，中国人的坟墓坐北朝南而能沐浴着阳光的照射；基督教的坟墓又总是坐东朝西；日本人死者的头要朝北方。

但人类似乎在花圈上没有很大区别，所有的花圈都是漂亮的、圆的，这除了对死者表达美好的祝愿和怀念外，那圆圆的圈子据说是为了留住死者的灵魂而不会四处飘流。

中国人在葬礼上却有一点很大的不同。中国人花香火钱格外的无私，越是有钱有势的越奢侈，葬礼越做越热闹，坟墓越做越漂亮。

我们说，所有的知命术都是纯思维的产物，然而它不可能准确地知道人的命运，因此以偏概全、牵强附会就成了知命术的基本特征。而随着社会向前，知命术又搭上了金钱的轨道，从而知命术又有了新的特点——算命骗钱。

金钱的力量是巨大的。

清代有个叫“天医星”的叶天士，一天叶天士正在与人下棋，突然来人说老婆难产了，叫叶天士去救，叶天士在棋盘上抓了一把铜钱到产妇家，进大门时往墙上一掷，哗啦一声响，屋内的产妇正在苦痛大吃一惊，婴儿也跟着呱呱落地了。许多人问叶天士，叶天士说：“人爱钱，死也要钱，生也要钱，小孩不出世，听到钱声就出世了。”

这不过是形象的说法，但实际的情况何尝不是这样。甘肃省天水市一位妇女在浴室里洗澡，突然看见有人拿着她的项链跑出去了，这位妇女不顾自己赤身裸体冲出浴室往大街上追赶而去……

钱就是命呀！看相、算命、占卦、抽签……哪一样不要钱呢！你的命越好，那就必须多给几个钱给算命先生。当然，你的命差，命就不太值钱，那就少拿几个。

1942 年 11 月 17 日，在英军的追击下，“沙漠之孤”隆美尔由于密码被英军破译，德军海上油船一次又一次地被毁，其中有一艘装载 500 吨油的汉斯阿尔普号油船，在混乱中被击沉于驶向班加西的途中，隆美尔庞大的摩托化行军纵队因为断油只好躺在公路上，对此，隆美尔只有等待死亡。然而奇迹出现，21 日早晨，从阿格拉到布鲁加一带的海岸边漂浮着成千上万的箱子和油桶，原来这是被鱼雷袭击沉没的汉斯阿尔普号油轮上的货物，这些货物不知怎么就送到了隆美尔奄奄待毙的军队脚下，靠着这个最后的燃料，隆美尔率领非洲装甲军由23日安全地回到了阿查达比亚。

像这样偶然事件的发生，世界上不知有多少，世界上每天都有数不清的事件发生，在无数的事件发生中偶然有几次人们没有想到的事发生是正常的。

这种偶然性有时候也是一种巧合，是一种遭遇，除非鬼神也有电脑，即使有电脑也不可能安排每天数以万万计的事件。

1950年的一天下午，美国内布拉斯加一座教堂的唱诗班25名成员原定进行训练，15人全部都迟到，有的人汽车出了故障、有的人衣服未烫好、有的人还在……正因为迟到，他们都避开了教堂的爆炸事件。

沙特阿拉伯两位男子夜间驾车相撞，双方争吵不休，当警察起来检查执照时，发现两个人同姓哈特姆，再一查对原来是失散22年的兄弟。

这种巧合在数以亿计的事件中不过是一个零头，甚至连零头还没有。

虽然看相在长期的历史发展中积累了某些经验，但同样是以偏概全牵强附会的预测方法。

比如说人的手型，手型首先是遗传的，不同的手型反映了不同的特性，较尖软细的手型一般反映较灵巧的特点，同时又说明智力的发展不错，因此在职业选择范围中更有余地，命运相对来说不至于很差。某些手型还可以看出一个长期习惯形成的特征，如木匠长期的体力劳动，其大拇指与他人就有所不同。从遗传和经验来看，从人的手型可以看出一个人的职业范围，如体力劳动还是脑力劳动，体力与脑力劳动的程度如何。

遗传反映了一个人适应做什么，尽管如此，从人的手型也不可能完全知道一个人具体的职业。例如：看相就很难看出脑力劳动中是老师还是医生还是秘书，但如果看相实际上也是这样，即为满足人的愿望或者显示自己看相之灵，会大胆地冒险地去猜，这里面就有一个概率的问题，如果猜中了，人们就会传说这个看相的很灵，这一点就表现了看相会超出一定的范围而牵强附会。

比如说慈嬉太后烧香拜天，诉求下雨，第三天果然就下雨了。皇室中更传说烧香拜天如有诚意就会灵。这种巧合也是一种牵强附会。

被鲁迅称为“多智而近妖的”诸葛亮借东风更是文人渲染成一种八卦方术的最典型的例子。诸葛亮借东风是农历十月，为坤卦、亥月，节气是立冬、小雪，这是全阴之卦，天地正走向阴极，但阴极则阳生，所以在立冬后，必定有小阳春，小阳春就有一两天风转东南。据说是诸葛亮通晓《易经》，知道十月立冬之后，西北风不会天天吹，就筑坛借风，果然借来东南风。冬天刮一两天东南风不是很稀罕的事，只要了解气候的变化以及某些经验就行了。一日二日无东南风，立冬到小雪总会守到一两天有东南风，而有人偏偏要把《易经》之卦牵进去。似乎卦象能做到今天的天气预报一样准确。

更为牵强附会的是，据说曹操大败后闭门读易经，研究到《周易》，蛊卦，“先甲三日，后甲三日”。立冬时，正值坤卦当令，其中有一阳来复的道理，曹操悟出了诸葛亮借东风的道理后哈哈大笑，50万大军的失败换来了读《易经》，这也充分说明了古人对《周易》的崇拜。

牵强附会是知命术的一大特点，这是因为世界万物在不断地变化，要在那么多的事物中，随便把两起事物联在一起成一种因果关系是很简单的；二是中国字、词多义；三是中国思想文化的特点，也是喜欢暗喻、隐喻。

1925年，易卜家尚麦和为直奉战争形势占了一卦。坤卦六二爻辞有“直方大”，传统解释是指男性，也有人解释为对天地的肤浅认识，而恰巧直奉战争有“直”字，于是更被人解释为直系一方强大。

现代人到寺庙中都喜欢抽个签，看看命怎样。签只有数百个，而抽签的人却成千上万，这种数量有限的签显然不能满足人的需要，这样抽签的结果会有很多人相同。这是一种随意性，可签语的隐晦又使人自己还会牵强附会。

看陈布雷抽的签：“神风冒雨去不归，役役劳心儿，衔得泥来成垒后，到头垒坏复成泥。”这样的签诗可以套在很多人身上，燕子衔泥自然辛苦，而活在这个世界上，有几个不辛苦。越想生活得好，越想出人头地，越想成大事就越是辛苦。陈布雷给蒋介石执掌笔杆子可谓辛苦之至，加上陈布雷性格又极其认真仔细，更是累得陈布雷大有心有余而力不足之感。当时陈布雷抽这一签时，正是蒋家王朝岌岌可危之时。陈布雷看完此签后大有江河日下之感。在悲怆辛苦之下，眼见蒋家王朝即将泯灭而自家生命难保，只有吃下安眠药早早安息。陈布雷没有想到，蒋家王朝在台湾竟然支撑了几十年。要不然的话，陈布雷不至于死得那么早，这一签可谓要了陈布雷的命。

这种把自己的命运套在签语上，的确是一种可怕的无知的牵强附会。从心理学来说，这是一种“自我体验”，自我体验所产生的效应不仅是心理的，有时也表现为生理现象。

1991 年，日本群马大学医学系研究小组经过十几次气功试验后，认为气功效果是接受人的“自我体验”的结果，而不是由气功造成的。出售签的人没有告诉陈布雷的命与签诗相同，只是陈布雷的自我体验而已。

法国心理学家库岱克曾经做过一次试验，他登了一则广告声称自己是占星家，又给向他请教的人各寄了一份相同的占星批命书，有 200 多人回信赞扬库岱克占星术算命无比准确。

心理学家福里斯特在都柏林三一学校也做了一个试验，给 39 位同学发了一份完全一样的性格简介，最后有 34 位同学说把他的性格说对了，这种“自我体验”反映是很普遍的现象。

以偏概全是唯心主义的产物，牵强附会是关联比拟思想的产物。归根结底，这些都是纯思维的产物。爱因斯坦说：“如果因此好像用纯粹思想就可得到关于观察对象的可靠知识，那么这种奇迹就是以错误作为依据的。”

迷信与真理总是格格不入的，因此，迷信就必定会借助鬼神的力量。有鬼神的加入不仅可以窜入坚硬岩石到地球的深谷，还可以冲上云霄直达天神的寝宫，神无所不能。

汉高祖刘邦的母亲昭灵后游玩到洛池，遇见玉鸡衔来一颗赤珠，上面刻着“吞此者王”。昭灵后有一夜晚在梦中与神交合，就在梦合之时，雷鸣电闪，风雨交加，昭灵后的丈夫起床察看，猛然发现昭灵后身上趴着一条蛟龙，她就这样有了身孕，生下了汉高祖刘邦。

隋文帝刚刚出生，红光满屋，当他在吃奶的时候，被人抱在怀里经常突然变成龙。

很多的皇帝有类似的传说，而且是越传越神，人命本是很平凡的很普通的生命而已。但神一加入命说中更可以产生很大的力量。在农民起义军中，那些穷苦的人也知道把神引进自己的队伍。秦末陈胜更打着“陈胜王”这面大旗。西汉末年，赤眉军利用奇相来吓唬敌人。东汉灵帝时，张角的黄巾军宣称“苍天已死，黄天当立，岁在甲子，天下大吉”。直到明末李闯王打天下，也利用谶语的神秘色彩。

从古至今，人类孜孜不倦地探索命运，有定命之说、宿命之说、随命之说，俟命之说、符命之说，纵观这些命说很难脱离天帝与鬼神的观念。天帝与鬼神是人对命运追求探索的主观产物，显然是无中生有。

自然、社会的特异现象以及某些超心理现象也很容易产生迷信观念。

我国辽宁班吉境内竟然在大白天突然黑夜降临持续达12

小时。在新疆米泉县一条干沟下起了大雨，而干沟的周围却是一片晴天。一次在刚果（金）进行足球比赛时。打雷把客队的多名球员伤害而主队却无一球员伤着。

当林肯总统向他的下属叙述他的梦中所见：一具死尸停在白宫中，旁边站着卫兵。问卫兵，何人死，答曰：总统，这个梦境记录不过才几天，1865 年 4 月 14 日林肯真的在华盛顿的福特戏院被人袭击身亡。

更为有意思的是，民主德国的两位专家把一个在车祸中死亡的人头从其脖子上割下来，竟然可以在 6 天内与世人保持沟通。有的死人还可以用眨眼来回答问题。

说来真是一个比一个超越，前些年苏联基斯洛沃茨克地区，一位叫尼娜帕诺娜里贝诺娃昏睡了 38 年的“植物人”奇迹般地苏醒了，但 21 天后又突然死去。

更为惊奇的还有那种哥哥开刀弟弟痛的超心理现象。

在科学无法去解答这些奇怪的现象时，人们自然会想到上帝、灵魂，从而对命运表现得无可奈何。

自然的，社会的，人本身的许多许多不能解释的现象，使人总觉得有一种神秘的力量在安排着人的命运。

然而，在这个世界上没有任何的神秘力量在左右我们，只是我们自己在左右自己。

有野人吗?

野人号称世界四大谜团之一，我国的学术界对野人的争论尤为激烈，甚至中央电视台都播出正反两方对野人的辩论。

那么，有野人吗？

一、报道的

先看国外的报道。

1912 年的一天夜里，悉尼的测地员查尔斯·哈卜和他的几个同伴在澳大利亚新南威尔土的卡罗克比利山中有一段惊人的经历。“这个晚上，我和我的同伴被树林里的一阵声音惊动，我们又往火堆里加了一些树枝，然而我们看见在跳动的火光中照出了一个可怕的身影。”哈卜回忆说，这是一个长得像人一样的巨兽，它站立在离火堆不到 20 英尺的地方，咆哮着，并用它的人手一样的巨掌捶打着自己的胸部，我向旁边一看，发现我的一个同伴已经吓昏了，他过了几个小时才醒过来，那头野兽站在那里有好一会儿。”哈卜继续描述着：”照我看，那家伙直立的时候有 5 英尺 10 英寸高，它的身上都长满了棕红色的长毛，随着它身体的摇摆而抖动着，使我吃惊的是，它长着人的体形，但与人又大不相同。它的上肢和前掌又长又大，上面长满了毛，但比身上的毛要短一些，它的头和脸很小，十分像人，它的眼睛大而黑，眼窝深陷，最可怕的是它的嘴，口中长着两颗又大又长的獠牙，但它把嘴合上，两颗獠牙露在外面……所有这些都是在几分钟之内观察到的，那家伙像是被火光麻痹了一样，站在那里，它又吼叫了一阵后，拍打着胸脯离去了。开始它是直立行走的，后来就四肢着地飞快地跑进了树林中。

查普曼是美洲印第安人，住在英属哥伦比亚佛雷赤河上鲁比·克雷克，1940 年的一天，一个大约高 8 英尺的男性野人进了村里，它是从树林里走出来的，它走到了农场建筑物附近，查普曼太太一开始以为是熊一类的动物，当她看清楚是一个野人后，吓得她拖起孩子们就跑，过了不久，查普曼的一家人回来查看房舍，屋里的一大桶咸鱼被打翻，撒了一地。并发现在房子附近留有长 16 英寸、宽 8 英寸的大脚印，每步的跨度为 4 英尺。

威廉·罗是一名建筑工人，也是一个有经验的猎手，1955 年，在英属哥伦比亚加米地区，威廉·罗看见了一个女性野人，这个女野人高约 6 英尺 3 英寸，个头较大，全身棕黑色，头发为银色，乳房很大，长有两只长臂和一双大脚，女野人走路的方式与人一样，两个耳朵也是长得像人的耳朵一样，头的后部好似高于前部，眼睛小，鼻子扁平，脖子短得几乎看不出来，等威廉·罗还想看清楚时，女野人发现了他就在身边，马上离开了。

罗巴德·哈特费尔特是一名伐木工人，住在美国加利福尼亚州，1962 年 2 月的一天，他走访了住在森林地区的朋友巴德·琼肯斯。刚走进琼肯斯家的院子，突然，主人家的犬紧张地狂叫起来，哈特费尔特感到奇怪，看看四处，猛然发现 20 米以外的院子外面，有一个长着人脸模样的毛发很长的怪物正隔着篱笆朝里窥探，篱笆约有 1.8 米高，怪物从篱笆的上面探出头来，最少在 2 米以上，是黑熊，哈特费尔特的第一反应，他慌忙朝屋子里奔去，一进门，哈特费尔特就叫了起来，有黑熊。他们赶快拿起了枪，等跑到门外一看，怪物已经不见了。哈特费尔特急急绕过房子的拐角，却冷不防和那个怪物撞在了一起，跌倒在地。“大家千万别出来，这儿有个野人!”哈特费尔特一边叫一边从地上跃起一转身就进了屋里，旋即把门关上。野人这时也跟着过来，它到了门口，就用它那有力的手臂猛烈地撞击着门。哈特费尔特和琼肯斯万分惊骇，只有死死地抵住房门。双方僵持了一会儿，大概野人的力气花完了，正是在这个时候，两人又拿起了枪，鼓足勇气冲出门外，可是野人已经跑了，只留下它的大脚印。新闻记者们一听说此事，赶来采访，哈特费尔特回忆说：“我和野人相撞跌倒在地，这时我看见了它的脸，长得丑极了，它的脸黑得像锅底，嘴巴和脸上长有硬毛，眼睛大得出奇，长相很像人，可总觉得有些地方和人不同。”

肯德尔和哈撒韦两人都是高级地质考查工程师，他们长期从事着户外工作，有着丰富的野外工作经验。1978 年 6 月 6 日，他们下了中途搭乘的卡车后，登上了华盛顿州特山北面的高峰，这座山的海拔约 4000 英尺，当时天气晴朗，气温也较低，两位科学家根本就不会想到有什么野人，但他们突然发现在对面伐倒的灌木后有一个大黑影很快地一闪而过，这自然引起了他们的注意，起先他们还以为是一个人，后来他们一想不对，这个地方没有伐木工人，仔细再看去，发现那是一个大家伙，身材很高大，像人一样的直立行走，并躲在一棵大树后面，这个大家伙呈棕黑色，全身都是毛。他俩看到了这个野人的头、肩和双臂，可仅一两秒钟这个野人就不见了。这种事来得太突然，等他俩反应过来，面面相觑，不知是怎么回事，两人半天也说不出话来，等他们完全明白过来，赶忙到刚才野人出现的地方去找脚印，但是地面不仅硬而且石头又多，什么也看不到，但是他们相信，他们真是看到野人了。

一个加拿大 14 岁女孩的经历更是令人惊愕。事情发生在一个农场，这个马基家的农场位于加拿大西部卡加里市西面约 30 英里的地方。茱利·马基的父母趁着周末到市区洽谈一宗农作物的生意，只留下这姑娘茱利在家，照顾其 6 岁的弟弟添美。茱利回忆着当时的情景："那晚我和添美刚吃完晚饭，我决定去看看我们的四头乳牛是否已经躺下。" 当茱利走近谷仓的时候，听到一阵阵低沉的呜咽声，她以为是一头牛有什么问题，赶紧走到了谷仓，打开了谷仓的大门，走到拴牛的地方，见四条牛好端端的，而在这时，一种更大的呜咽声从另外的地方传来，茱利从谷仓的一边正走到另一边的时候，她的脚差点儿被绊倒，脚踏在了一个庞然大物的身上，它就躺在干草堆的后面，茱利以为是一只熊，但她一看见它的脸时，就知道这不是熊，这几乎是一个女人，因为它有女人的乳房，只是除面部外，它的全身都是浓密的长毛，这对一个14岁的女孩来说是一个极大的考验，她想叫大人来，但她知道必须最少半个小时才能找到人。茱利不知如何才好，她看了看这个大脚怪，它的吼声并不是那样的怕人，甚至有几分可怜。女孩的同情心占据了她的思维怜悯，战胜了她的恐惧，她走到了这只正痛苦的大脚怪面前，蹲了下来，可就在这时，大脚怪提起了它的一只手友善地摸摸茱利的手臂，表示它需要帮助，这时候的茱利看见它的下体正掉着一个胎盘，她知道它要生产了。茱利曾协助她的父亲给母牛接生，知道这时候的孕妇最容易着凉，于是去房里拿了几张毡子给它盖上。接下来的时间，茱利充当了一个接生婆的身份。虽然大脚怪生产的时候很艰难，但是在茱利的帮助下，还是产下了自己的孩子。天亮后，大脚怪抱着它的孩子离开了茱利的家，走进了丛林。茱利最后说道："我永远不会忘记它望着我的神情，它是要向我道谢。"

再看国内的报道。

神农架盛传着野人的见闻，据说很多在神农架居住的人都见过野人。

一位叫殷洪发的农民这样讲说着他看到野人的经历。1974年的五一劳动节，生产队放假，殷洪发吃完早饭后就上青龙寨山上砍葛藤，突然听到坡下一阵响声，他以为也是有人跟他一样是来砍葛藤的，便大声问道："哪一个？"但并没有人回答他，他又喊："哪个给我来作伴呀！"还是无人答话，他往坡下一看，吓他一跳，只见一个直立行走满身是毛的怪物快步走到他的面前，他本能地后退了一步，想让这个怪物顺着身边的小道走过去，但他没有想到这个怪物走到他身旁伸出了右胳膊。殷洪发大惊，马上一只手拿起镰刀，另一只手抓住了野人的长发，用尽了力气向野人的胳膊砍去，而这怪物猛力地把头一甩，往山下跑去，殷洪发抓下了这怪物的一把头发，怪物痛得哇哇直叫而去，殷洪发十分惊恐也就转身回家，殷洪发事后很是奇怪，也不知是什么动物，说动物它却像人一样地走路，说它是人，它全身都是毛。

这是一个阴雨天，时间是 1975 年 5 月中旬。神农架南面兴山县的一个叫甘明之的农民上山割猪草，他爬到了一个灌木丛旁时，忽然听到右边有声响，他回过头去一看，怔住了。一个野人就站在他的身后，这个大家伙一身都是毛，有六七尺高的样子。他吓得连叫几声“救命”，这边还用棍子对着野人，可他的棍子还没有举起来，就被这个野人抓住了，同时，他的左脚也被它踩住。甘明之异常恐慌，但这个野人却对着他笑，过了一会儿，他感到脚有些松动了，便慢慢地收了回来，撒腿就跑，跑了几里路，才松了一口气。他这一吓，就病了，吃了好几副药，休息了半个来月，才能开口说话。1976 年 1 月 29 日，一个与神农架相连的房县山区农民曾宪国到山上去割树皮，忽然看见离他两丈远的地方出现了一个头发很长的“红毛野人”。它与人一样直立行走，很快地就走到了这位农民的面前，这个野人高约有 1.9 米，手指又长又粗，接着，“啪”的一声给了曾宪国一记响亮的耳光。曾宪国被打得太痛了，他又怕又惊又痛，跌倒在地昏过去了，但这个野人再也没有伤害他。曾宪国醒了回家后，足足昏睡了三天。

小兴安岭也有野人的报道。1964 年 7 月的一天黄昏，李根山班长和班上的战友们在执行任务后返回驻地准备吃饭时，突然间一个战友大叫起来，“快来看啊！”只见南山坡上，相距三四百米的地方直立走着一个黑乎乎的大物，直接向帐篷奔来，大家以为是一只熊，可是越看越不像，有人想开枪，但是被制止了。这个大物折向了帐篷附近的一个小湖，细细地看不是熊而是人的样子，手里还握着一根棍子，它走到了小湖旁边，先望了望，便又蹲在一块石头上，伸出手来捉鱼，捉到鱼，就用手指划开鱼的肚子，又将鱼放回水中洗洗，然后就用两手捧着吃，吃完鱼，走到了帐篷旁边坐了下来。它走得很慢，拖着棍子走，坐下时身高有 1.2 米。一些通讯战士想活捉它，便分头从两侧包抄过去，其中一个力气大的“大老黄”摸到了它的身后，一只胳膊搂住了它的脖子。但是，他的左胳膊被它抓了几条深沟，痛得“大老黄”只有松手，这个野人就站了起来，大老黄被撞了个后坐地。待其他战士向前时，这个野人已经逃跑不见了。根据战士们的观察，这个野人应该是一个男性，大约 2 米高，全身长着棕黄色的毛，脸上无毛，可以看到脸上的皮肉，头上黑色的长发垂到肩处，嘴上的毛像长胡子，胳膊腿部都长，手似人手，但比人手大，脚长，脚趾也像人的，耳、鼻也如人一样的，但大许多，手握的木棍约 1.2 米长。

秦岭也有野人。

樊井泉原是太原钢铁公司的一名干部，他在冶金部下属的一个西北地质队工作。1954 年，地质队沿陇海铁路南端由东往西进行普查。有一次，他在接近太白山一个远离居民点的林中窝铺时，遇到了两位姓肖的老人，他们俩是兄弟，这里海拔2000多米，是一个半山坡，方圆几十里就他们一户人家，他们家甚至没有养狗。两位老人在与樊井泉等地质队员说起了这个大森林中有野人的时候，樊井泉很是好奇，在地质队准备转移地点的时候，他请向导带他去经常能看见野人的栗子林，他给了老人一部分钱，老人也就答应了他的要求。第二天下午，樊井泉与向导偷着离队，到了离窝铺约10公里的野栗子林中，这时已是黄昏了，林中到处是掉在地上的野板栗，在天还未全黑下来的时候，果然有野人来了，而且还不是一个野人，一大一小，小的只有1.6米。当时樊井泉穿的是地质队的衣服，这个母野人有点儿警戒，可是小野人不避生，还跑到向导这里白吃人家拣好的野板栗，而那个母野人不时地叫唤着，似乎想把小野人叫回到自己的身边。第二天樊井泉又去了野栗子林，但这一次，他没有看到野人。第三天他又去了，出乎意料，这一大一小的野人这回看见他们，不再像第一次那样害怕了，它们在林中游荡着。樊井泉按照向导所说，一边假扮捡栗子，一边接近野人，这时樊井泉才看清楚了野人，野人的形象和人差不多，只是全身都是毛，在膝盖长满棕红色的毛说明它平时不爬行。一年以后，地质队考查结束，当时的前苏联专家从各地质队汇报中知道了野人的细节，从而作出了一个关于秦岭有野人的推论。

喜马拉雅山的雪人。

居住在喜马拉雅山的舍巴族人很早就知道有雪人的存在。

雪人又称为“耶提”，意即野人，传说中的野人体型高大，有2米左右，全身是灰色长毛，能直立行走，主要吃草根及小动物。1972年12月，驻伸巴地区的边防部队曾接到边民的报告，说两个能直立行走的动物常来偷他们的牛羊，并说这两个怪动物不是把牛羊咬死，而是成群地把它们赶走，回去后看管起来，然后慢慢地吃。边防军出于为民除害的目的，派一位副团长带这几名战士上了山，很快就找到了这两个怪动物，在相距400多米处，战士们开枪打伤了一只，另一只就逃走了。但那只受伤的怪物竟抱起一个有150多公斤重的石块朝开枪的战士冲来，还没冲出多远就倒下了。据战士们说，这个怪物长得像猿又像人，棕红色的头发，大嘴，前肢长，没有尾巴。

二、研究的

对野人的研究少说也有百年的历史，各种说法纷至沓来，不知哪一种说法可信。喜马拉雅山的雪人似乎最能激起科学探索者的热乎劲，一批又一批的研究人员穿梭在高山之间。

据说最早对雪人的记载在18世纪就有了，在一张描绘西藏高原野生动物的中国古画中，就有了雪人的画像。

而在1832年，尼泊尔的第一位英国公使B. H. 霍德森在他的著作《阿尔泰、喜马拉雅》一书中也描述了一种不为人知的动物，它“能直立行走，遍身长长的黑毛，没有尾巴”。

1887年，英国军医、法学博士瓦德尔少校，在锡金5000米高的雪地上，看到一些像人脚印的巨大脚印，当地的一个挑夫告诉他，这是雪人的足迹。瓦德尔后来在他所著的《喜马拉雅山之间》一书中也写到了当地人所说的雪人，他虽然自己没有看见过雪人，但雪人这个名字更广泛地传播开来了。20 世纪 50 年代，攀登珠穆朗玛峰的成功，雪人的传闻也风靡一时，世界掀起了一股“雪人热”，很多的国家挤身到探索雪人这个行列中来。

1951 年 11 月 8 日，英国登山队队长锡普顿和华德从圣母峰勘察回来，正在探测万比冰川的西南坡时，发现了一串像人一样的巨大脚印，锡普顿拍下了几个清晰的脚印，脚印长 313 厘米，宽 188 厘米，拇指很大向外翻开，表示留下脚印的是一个约有 2.2 米高的直立两足行走的动物。锡普顿深信，在喜马拉雅山有一种像猿的巨大生物存在，这种生物是科学界还未能确定的，至少不在已知的中亚洲地区动物之列。锡普顿反对说是熊的足迹。

1952 年，意大利人汤布兹说他在喜马拉雅山脉的卡布尔山麓看到了一个耶提，在 300 米以外匆匆走过，随后消失在冰堆后面，汤布兹写道：“耶提外形像人，周身长满了暗色的长毛……”

1954 年，英国到喜马拉雅山寻找雪人的考查队，在尼泊尔一座喇嘛庙里发现这里保存着两块已有 300 多年的“雪人”的头皮，皮上长满了夹杂着褐色的红色长毛。这块头皮被送进了伦敦、巴黎、芝加哥的博物馆请专家鉴定，但专家却认定这是一块羚羊头皮。不过，英国的灵长类学家奥斯曼·希尔却认为，这块头皮虽与羚羊头皮有相似的地方，但带有猿的特征，他将这些毛的色素与羚羊的比对，发现它们之间的排列方式并不相同。另外，头皮上的寄生虫也与羚羊的不同。

1956 年，中国科学院等单位派出了专业人员对雪人进行了专门调查，也在海拔 6000 多米的雪地上发现了”雪人”的脚印。5 月 20 日夜里，队员尚玉昌正在营帐里写日记，忽然听到山谷里传来两声枪响，一会儿，藏族翻译气喘吁吁地跑了进来，还大喊着：“雪人，雪人！”他说看见一个雪人从山谷下往山顶走去，藏族翻译连发两枪而均未打中，雪人就逃离了。而在这之前，绒布寺一位喇叭说他看到了雪人，它的特征是全身都是毛，身体比人大，直立行走。

1959 年 6 月 24 日，一个住在中国境内的尼泊尔边民报告说，他的一头牦牛被雪人咬断喉咙死去，雪人喝完了牦牛的血。中科院有关人员和北京大学的老师组成的考察队很快赶到了现场，在死牦牛的附近找到一根棕色的毛，长 15 - 6 厘米，带回北京鉴定，认为与牦牛、棕熊、猩猩、恒河猴的毛发在结构上均不同，不过，这也无法能证明这是野人的毛发。

1972 年 12 月 17 日，英国动物学家克隆宁·埃默瑞与两名尼泊尔的助手在圣母峰与金城章嘉峰之间的阿安谷地上扎营，次日清晨，发现雪地上有十多个很清晰的脚印，这些脚印一左一右地排列地特别清楚，能够显示出脚趾和脚掌，每个脚印长 27. 5 厘米，宽 15. 2 厘米，两个脚印的间距常小于 30 厘米，显示出它的行走不是很快，克隆宁后来在他的书中说道：“‘雪人’可能是远古时代亚洲巨猿的后代，这些巨形类人猿可能在新生代中期，与更先进的直立猿人竞争失败而逃进喜马拉雅山的山谷中。”

1979 年 11 月，一支英国登山队从尼泊尔境内攀登喜马拉雅山，11 月 10 日，爱德华兹和艾伦在返回基地途中，在海拔 5000 米处的一个天然洞穴附近的雪地上发现了一些似人的脚印。这时，两人突然听到有数秒钟的尖叫声，根本不像是人的叫声，听得叫人毛骨悚然，他们相信，附近一定有雪人存在。第二天，更多的脚印呈现在全体队员的眼前，脚印大小不同，显示出有两个或多个雪人走过。领队怀特说："我相信，山上必有一种动物学家所不知的动物。"

美国科学家伊．乌．克罗林在谈到喜马拉雅山的雪人时说，"雪人"或巨猿并非在雪地上居住，而是隐藏在丛林密集的深谷中，之所以在雪地上能遇上雪人，是因为如同登山者一样，它们不过是利用雪地作为途径从一个山谷到另一个山谷去，从喜马拉雅山到蒙古高原，从帕米尔到高加索几乎都有雪人的传说，也同样有研究人员的足迹。

在高加索山脉，有很多的科学家为了找到和研究野人付出了他们多少的心血，在高加索地区，人们传说雪人已经有 300 来年的历史了，虽然至今还没有找到野人，但人们现在还是热衷于此道。

1907 到 1911 年期间，俄国动物学家维．卡克卡在高加索山脉收集到了被当地人称为"吉西、吉依克"的雪人材料。1914 年，他在彼得堡皇家科学院公示，当时没有受到重视。到了 1958 年，前苏联人类学家波尔恰洛夫重新研读了这些材料。他发现，卡克卡完整地为雪人勾画出一个复原像。蒙古科学院院士赖斯恩认为，雪人的存在不容怀疑，由于现代人的活动，使得雪人的生存空间越来越小，因此，应该像保护珍稀动物动物一样保护雪人，尽管对于它到底是一般动物还是野人还没定论。英国人类学家爱玛拉·谢克雷博士认为，雪人是尼安德特人的后代，介于人与猿之间，她研究了雪人留在雪地上的大脚印，指出它的大脚趾很短，稍向外翻。前苏联人类学家切尔涅茨基也同意雪人是尼安德特人的后代的说法，说尼安德特人在与智利人的搏斗中失败，其中的一支逃到雪峰，发展为雪人。

中国的人类学家周国兴认为，雪人是巨猿的后代，他在比较了雪人和猿类的脚印后，更倾向认为是猿，而雪人能够直立行走，还能快步流星，这很像古猿，因此他推测，远古时代的巨猿并没有灭绝，它的后代潜伏生长在欧洲东南部及亚洲的雪山冰峰之间，成为神秘的雪人，但它没有语言功能，只会发出模糊的叫声，因此没有走进人类的门槛。

也有学者否认雪人的存在，认为大脚印是熊的足迹。

雪人有人说是野人，有人说不是，可是野人的说法很多，在美国西北部有人称它是“大脚怪”，在加拿大洛基山的一带又称它“沙斯夸支”。

在北美印第安人中，很早就有大脚野人+的各种传说，最早发现足迹是在1811年，当时的探险家大卫·汤普逊从加拿大的杰斯普镇横越洛基山脉前往美国的哥伦比亚河河口，途中看到一串人形的大脚印，每个长30厘米，宽18厘米，当时汤普逊没有看到这种动物，只看到这惊人的巨大脚印，他在报道这一消息时只有用“大脚怪”来称呼它。从这以后，更多关于大脚怪的消息就不断地传来，据说最少有750人称他们见过大脚怪，声称见到过大脚印的人就更多了。

伊凡·马克斯多年跟踪着大脚怪。1951年，伊凡·马克斯在加里福尼亚北部的死马山顶第一次见到了大脚怪的脚印，而在这之前，他并不相信有什么大脚怪的动物。

1958年，伊凡·马克斯在内华达州的华尔特山狩猎美洲猴时，发现500米之外的地方有一个黑色高大的可怕的怪物，他立即把这怪物拍了下来。

1970年，伊凡·马克斯和一名瑞士的大脚怪考察人员雷内·达因顿在华盛顿州的科尔维尔追赶大脚怪中，再次发现了很多分布广泛的大脚怪脚印，因此，他们还做出了一种脚印的石膏模型。华盛顿州立大学的人类学家格罗弗·克兰茨博士鉴定模型后认为，脚印异乎寻常的弯曲，隆起和细致，从解剖学来说是真实可信的。1941年10月21日《温哥华报》刊登了一则惊人的消息：一个小孩的惊叫，狗的狂吠和一个受惊妇女急促的一瞥，引出了一个在印第安红宝石溪发生的一个巨大的、浑身长毛的魔鬼袭击他们驻地的事件。在这则报道中说的是印第安人乔治·查德威克夫人的小女儿罗西正在花园玩耍，突然发现一个极大的怪物向她靠近，她吓得大声呼喊救命，她的妈妈冲过来，瞥了怪物一眼，一把搂起女儿而逃。查德威克夫人说，这个怪物有10英尺高，浑身是毛，有着人一样的面孔。可是这个怪物在四天后又出现，《温哥华报》再一次报道了第二次怪物的出现，人们才相信这是真实的事。有人认为，这只怪物是熊。而一位叫格林的人说：这个动物是熊的解释是值得怀疑的，10英尺高，有着人一样的面孔，这是任何熊都不可能的。J. W. 伯恩斯是世界上有关沙斯夸支研究的权威人士，他说，该沙斯夸支完全有可能就是一周以前在离此地40英里的红宝石溪出现的那个，随着对红宝石溪事件的有关调查，也完全证实了是沙斯夸支而不是熊。

乔恩·埃里克·贝克约德是美国华盛顿州西雅图"大脚汉科研所"的所长，他说，目击大脚汉的事件每月都有，大脚汉研究所不仅收集各种目击报告，还收集大脚汉的血液和毛发样品。

1975年一天的夜晚，彼得·罗尼克驾驶着一辆运动车与一个他认为是大脚汉的动物相撞，那个怪物撞后很快就恢复了，向运动车逼来，并发出咕嘟咕嘟的声音，然后又大步地跑开了，在车前被撞得四处留有许多的毛发，这些毛发就被拿去作分析化验了。

1976年1月4日晚，在华盛顿贝灵汉的印第安人保留地，一个沙斯夸支企图窜进杰弗逊家的食品储藏室，玻璃打碎惊醒了杰弗逊，碎玻璃散落在地板上，上面还沾有血迹，并且还有毛发，所长乔恩·贝克约德亲自收集了这些血迹和毛发。

1976年5月，在加利福尼亚州萨克拉门托附近，一队十几岁的年轻人看到一个沙斯夸支正在掰杏树的枝杈，想吃上面的果子，这个怪物留有25英寸长的足印，还有毛发，都交给了贝克约德。森特·萨里奇是加州大学伯克利分校的自然人类学家和生物化学家，他也对杰弗逊家玻璃上的血迹做了取样化验，他发现这是一种比较高级的灵长类动物的血，并同时将拿来的毛发及其他毛发样品由三位专家做了分析化验，他们的结论是：这些毛发不是人、狗、熊或其他相近的哺乳动物的，也不是已知的任何灵长类动物的，但与大猩猩的毛发比较相近。贝克约德则说：这些动物体形巨大，不可能是人，这里面显然有许多事情还是个谜，它们可能是与人有亲缘的灵长类动物。

野人的传说在我国由来已久，《山海经》、《本草纲目》中均有记载。不过，真正对野人进行有规模系统的研究还是在近30来年的事，其中又以神农架为甚。1977年3月，由中国科学院组织的“鄂西奇异动物考察队”的100多人进入神农架地区，从1977年到1980年进行了两次大规模的活动，在数年的探索中，考察队既不能说有了重大的收获，又不能说无功而返。所谓没有重大的收获，是没有抓到一个活野人，也不见死尸，就连照片都没有一张。不过，小小的收获却不少。

1. 考察队员收集到的毛发有数百根，人类学家黄万波教授一人就找到几十根，他在用光学显微镜做毛皮横切面及毛子皮印痕的对比观察中得出结论为，毛色肉眼观为红色，镜下毛发皮质发达，色素颗粒红色含量较少，呈外围性分布……组织与人类相似，与大猩猩、金丝猴、猕猴、长臂猿等灵长类动物有较大差异……

2. 考察队发现了野人的足迹有几百个，仅在板壁岩一处就发现了100多个，皆呈双行排列，跨度有1米左右，掌部有一定弧度的足弓，根据对足丫、足趾的分析，身高一般为2米左右，体重约为150公斤。著名生物学家孟澜教授鉴定，它们绝不是熊、猴类动物的脚印，也与人类的不同。

3. 考察队发现了野人的粪便多处，皆呈筒状或条形，直径2.5厘米左右。外呈青褐色，内有植物根、茎、叶纤维、果皮碎片，有的还可以看到昆虫的残体，经专家鉴定，它们不可能是熊、猴、猩猩、长臂猿等灵长类动物的粪便，也不同于人的粪便。

4. 考察队还发现了野人的竹窝多处，最有代表性的是深藏于神农架上箭竹林中的一个，用24根箭竹组成，竹窝中毛发数根，周边有粪便两堆，大家都认为，没有任何一种动物能够做成这样的窝，猎人也不会到这样的地方来休息。

5. 据统计，从1976年11月到1980年10月，在神农架及周边地区，就有100多人发现野人54次，见到野人62个，他们之中有干部、工人、农民、教师等。

作为见证神农架大考察的陈人麟先生大为感慨，他说，谁能否认这些客观存在？谁能推翻这些鉴定资料？它们再次雄辩地证明，鄂西北神农架地区还生活着一种未知的动物，这绝非骇人听闻的“无稽之谈”。

但更惊动世人的考察是在1995年。就在这一年的4月25日，中国珍稀动物动植物综合科学考察队拉开了对神农架野人进行考察大规模活动的序幕，这是一次大胆的但却有事实的科学考察。这不仅有着1977年起的野人考察，更为重要的是多年多人对野人所见的报告，特别是1993年9月3日18时零5分多人同时见到了野人，所引起的轰动令世人震惊。在一辆面包车上，坐着多名专家、干部，面包车到了神农架保护区北部燕子垭地段209国道上与三个野人相遇，这一消息立即传开，《人民日报》、《文汇报》等众多报刊相继予以报道。

与以往不同的是，这一次的考察不仅规模大，考察的专业人员也比较多，在 30% 以上。他们来自于中国科学院、北京大学、北京师范大学等科研单位和大专院校。领头的是中国科学院的院士贾兰坡，还有中国科学院古人类研究所的黄万波、袁振新等。

考察的活动分为三个步骤：一是以专家组对考察线路进行摸底调查，目的是要找到野人最有可能出现的地区。二是实地考察，在最有可能出现野人的地方找到野人及其住所、标本，并想法吸引野人。三是专业性考察，即对传闻中的人形动物进行考证，弄清楚它们的生活习性和生态环境。

可是，后来的结果似乎不太令人满意，没有看见野人，也找不到野人的居住地，收集到的是不少的植物标本和 20 多种古动物化石。但科学考察队还是作出了一定的结论：1. 神农架确实存在适宜于野人生息繁衍的生态环境。2. 70 多年 360 人发现的 114 起野人目击事件说明，目击者将熊、猴类误作野人的可能性甚微。3. 野人确实存在过，但现在存在的数量不多。4. 如果有野人存在，其血缘关系比大猩猩更接近人类。

这是一个不明确但却是一个无比正确的结论，可惜，这个考察是在中国的神农架而不是在北美洲；可惜，这个结论是中国的而不是美国的科学家作出的。

让我们期待进一步揭开野人的面纱吧！

什么是天人感应论?

天人感应论是古人在长期的自然社会生活中对天、地、人变化的认识，在汉朝董仲舒的推崇下，天人感应论一直是我国重要的哲学理论，并对中国古代思想有着长远的重要影响，因此我们不能不了解它。

天人感应论有两个最基本的观念：一是万物有灵论，二是天命观。

我们先谈万物有灵论。

万物有灵论是天人感应论的核心，也是迷信文化产生的根源。它是我们重点分析的内容之一。

根据化石的考证：在40亿年前，地球上最早出现了低级形式的生命，即细胞、蓝藻。经过几十亿年的缓慢进化与分化，出现了多种多样的生命形式，也形成了动物的多样性。从最初的生命形式来看，实际上也无论是有生命还是无生命的物质（即有机物或无机物）都有反应这一属性。反应是物质固有的根本属性，一切的自然物都有反应这一属性。如：木头埋在地下，长久就会变成煤；石头被水常年冲刷最终变成沙粒。物体的反应属性是很普遍的，有些物体的反应是缓慢的、不明显的，只有长期地观察才能了解到。而有些物体的反应则是明显的，甚至是瞬间的。正因为有一些物体的反应是很明显的，但又不是常见的，“物以稀为贵”，人对这一部分物体的反应就特别的注意。

刺猬就有一种特异的功能，它的鼻腔可以从空气中分辨四周是否有可食之物，刺猬的耳可以接收人类都无法听到的低频率弱音。

电树是印度的一种树，它的叶子有很强的电荷，人若碰上就会遭电击，这种树能够影响指南针，放在距树 25 米以内，时针就会剧烈摆动。

湖北钟祥县退休工人高涛家就有一块能正确预报天气变化的“气象石”。

厦门同安区马巷镇姓郑的家中的桃树竟然在 1998 年秋天开花。

在印尼爪哇岛有一种叫“羹柏”的树不仅能吃动物还能吃人。它那长长的枝条可以把人或动物缠住，并吸干净人或动物的液汁。

夏威夷爱岛海滨有一沙丘，人走在沙丘上或用手搓沙，会听见汪汪的狗叫声，如果在沙丘上跑，声音就像打雷一样吓人。

上面列举的这些奇怪的自然现象不过是一种正常的物体的反应而已。这种物体反应当然是物质运动的结果，是物体能量的形式。

各种不同的物体反应的程度有所差别，像上面的例子中植物反应的程度较明显。由于人类初期认识的局限性，这种较奇怪的反应对于远古人类来说当然是一种谜。随着人类观察的长期积累，这种谜愈多，而人类又不能解释这些自然现象的时候，超自然力量的观念就必定而来。万物有灵论首先是从物体的反应开始的。随着人类生存斗争的更高需要和对自然界更深入的了解，而科学发展的原始水平又无法解释的时候，万物有灵论就逐渐形成。

人类对动物的了解促使了万物有灵论的形成。凡是有细胞、神经元的生物，除了反应外，重要的是感觉。特别是动物，除了反应外，还表现在感觉上。一定神经组织的动物都有感应性。动物能够借助神经组织建立一定的条件反射、对信号刺激物作出反应。显然，感应是动物的一种本能，也是动物的基本属性。

知觉是动物的较高级的一种神经活动，如蚂蚁和飞鸽能够正确地回到自己的巢穴，野兔受伤后能够去找蜘蛛网来粘住伤口使之止痛而伤愈，猩猩可以把竹竿接起来以获取太高太远的食物，老鼠在地震前就会出洞，在船要沉没时就已逃走。

动物的知觉充分展示了其“灵”性。

湖北省监利县中州乡王敦村农民徐先平，于1980年9月的一天，捉到一个约1000克重的乌龟，他将乌龟带回家后用小刀在龟板上刻上自己和妻子的名字与时间，并在龟壳上钉了四个眼，套上四个铜环。第二天，他把乌龟放到80里外的洞庭湖。从此，每年端午节，这只乌龟都要到徐家探亲。1996年还给徐家生了12个蛋。

涪陵市三横街居民李树华家中养的一只猫，突然有一天把主人拉向门外，又推开窗户，把正在睡觉的孩子推醒。数小时后房屋突然倒塌。

第二次世界大战中，美国在太平洋中部所罗门岛经常受到日本飞机的袭击。有一天，美军豢养的一只叫“达万尼特”的小花猫不停地敲打地面，又不停地“咪咪”叫，没多久，岛上就出现了日本飞机。

这种动物的感应性常常令人感到稀奇。

人作为高级动物与动物一样有着相同的感应性，但人随着劳动的复杂化以及思维的发展，特别是社会活动的不断增加。从而使意识的发展形成了想象、动机、趣味、情感等高级意识。这一高级意识形态的最本质特征就是社会性，而一切动物与人的差别就表现在这里：无论什么动物的活动都没有社会性，也就没有社会中的意识，因为动物的群体活动只能是群体意识，没有社会信息的反应，没有这种信息条件反射，任何动物的知觉也只是停留在自己生活的圈子里面。

因此，动物与人的感应只能是具有共性的反应与知觉。动物的感应不具备社会性的高级意识形态。这就是说，动物对于人的社会主体意识没有感应。因此，万物有灵不过是属于所有物体的自然属性。

所以，那种把乌龟壳放在床的四只脚下以示乌龟显灵使人长寿的做法不过是一厢情愿而已。

广东省梅州市在重修梅江畔的观澜亭时，发现在石柱的柱基后有一只活龟，龟背上留着石柱压下的印记，龟重3.5公斤。据《嘉应州志》记载：观澜亭建于乾隆十一年，当时的知州王者辅迷信风水，就命人在石柱下垫上一只活龟，以保佑其官运亨通，福禄永存，长命百岁，就这样，这只乌龟在地下度过了 241 个春秋。

人类认识动物的灵性，只能从其自然属性中去寻找。但高等动物都有一定的神经系统，条件反射是动物的一个特征。正是这个特征，人类就能够充分利用其“灵”性。

在斯大林格勒血战中，德军有 19 个装甲旅、850 辆坦克，而苏军中没有足够的反坦克炮，又没有相匹敌的坦克。在这种关键时刻，苏军安全电压学校提供了 500 条经过训练的能够携带炸药包对付坦克的军犬。1942 年 7 月 17 日，当德军向斯大林格勒发动总攻时，成群结队的坦克向苏军阵地扑来。这时候，这些警犬出动了，它们与坦克在爆炸声中同归于尽。

美国在海湾战争中，为了对付伊拉克，就用训练有素的海豚潜入海底，清扫伊拉克部署在海底的鱼雷。

物质是信息的载体，信息是物质的表现。信息证明了物质存在的多样性和有序性，因此，“万物有灵”，即感应性，既具有同一性又具有独立性。同一性中说明了感应的自然属性。独立性是指人作为有社会意识的高级动物，已经从动物中独立开来了，人与其他动物的感应是不能相提并论的。

人是社会的主体，人又是自然的产物。因此，社会实际上也是自然的产物。当我们把人的社会意识与自然界相对起来的时候，社会有其特殊规律，也就是说人有其特殊规律。这种特殊规律包含在一般规律中，但又可以把它与一般规律区别开来。因此，意识的区别是人的特殊规律构成的基本特征。

人的灵感与预感等特殊现象，都是物质及能量的产物，是物质化了的特殊表现形式，无物质的感应是不存在的。

人和动物都有神经元，因此建立某种联系是可以的，但这种联系是相当有限的，把人的意识与动物的意识对等起来是绝对不可能的，也是反科学的。

社会意识把人与动物及其他万事万物独立开来。万物有灵只能把人与万物相同的自然属性对应起来，而不能把人的社会意识与动物及其他万事万物的自然属性对应起来。因此，那些把万物有灵特别是动物有灵与人的有“灵”对应起来是不对的。

现在我们讲天人感应论的第二个基本观念：天命观。

天命观的产生是在原始社会逐渐解体、农业社会形成时产生的。

在原始社会中，人类集体狩猎，食物平均分配。劳动工具与食物的共同拥有的原始经济不可能有等级的观念。只有等级观念的出现才会有天命观。而等级观念的产生是在阶级社会中，即在一定经济条件下才可能形成。

在原始社会中，主要的差别是看一个人在捕食过程中力量的大小。有的人在捕食中力气大，也灵活；有的人力气小，也较笨拙。这仅仅是原始人捕食本领的差别。因而，只有形成了自我意识才能构成等级观念。

天命观的形成在原始社会的解体中不断地形成。当一个部落的人打败和俘虏了另一个部落的人，某一部落就形成了占有的事实，即占有被打败部落的人和财富，这一被打败部落的人就变成了奴隶，与其他劳动工具、食物等被一部分人占有，正是这种不断占有的关系，形成了一部分人占支配统治地位，而另一部分人成了被支配从属的地位。阶级的地位就随着这种占有而形成，等级观念是形成天命观的重要的因素。

占有统治地位是等级观念的主要方面。这种占支配地位的统治显然都要寻找自己优越的原因，其目的是为了更好地巩固保护自己的既得利益，这是主观的一面。从客观上来说，是由于人类对自然力和自然物的崇拜。人们总认为：既然自然界的变化总是不以人的意志为转移，那就一定有超自然的力量在主宰着世界。例如：周部落原来是一个很小的部落，也没值得骄傲的祖先崇拜，居然能够打败强大的商朝军队从而取而代之是不可想象的，也使周王兴奋不已。周朝在总结商朝灭亡的原因时，认为那是商纣王荒淫无道，是上天要其灭亡。小小的周部落能够打败商朝，是周王有德，天叫周王取而代之。所以周朝奉行："以天为宗，以德为本。"

在甲骨文卜辞中，有很多关于天命观的论述。如"帝降其我艰"、"先王有服，恪守天命"。

礼记有："唯天子受命于天，士受命于帝。"

诗经也有不少表述，如："天命玄鸟，降而生商。"

天命观认为："天"是万物的主宰，人世间的吉凶祸福都是天的安排，人必须遵守天意。君王就代表天行使权力，王公大臣也是天的安排，所以在周代用占卜的形式来了解天意是很普遍的事。

天命观在春秋战国时受到了极大的挑战，主要是因为：一是以血缘关系为依据的分封制逐渐衰亡；二是诸侯兼并的社会动荡中很多人的命运风云突变；三是自我意识加强，开始对个人命运的思考变得活跃起来。

天命观在汉代受到董仲舒的重视，并赋予更加神学的色彩，起到了对君王专权统治的维护作用。另一方面，使得迷信有了更玄妙的理论。

董仲舒认为，天就是主宰，天就是神，皇帝替天行使权力而统治万民，所以皇帝有德天就降符瑞，如龙、日月、雨露。人如果违反了天意就会有灾变：如水灾、旱灾。这种把“天”看成是有意识的载体的理论完全是为了迎合统治阶级的需要，这种虚妄的理论是彻头彻尾的主观意识的产物，反映了客观唯心主义的思想。

我们讲了天人感应论的两个基本观点：万物有灵，天命观。现在我们继续讲天人感应：

关于天的概念有两种：（1）天是自然的、客观物质世界；（2）天是超自然的，是伦理的意识载体。

由于“天”的概念不同，对天的认识相异，天人感应说从古至今一直是由两种观点路线的历程走过来的。一条是沿着自然科学的轨迹伸延以至得到现代科学的证明，另一条是沿着客观唯心主义的道路向前发展并支配深入国民的心理。两种不同的观点不时又交叉在一起，一直到现在，

两种观点不同，一个是自然的力量决定了人，一个是超自然的力量决定了人。他们共同的结论是：天生。

天人感应说把天、地、人统一起来，常常与占星、天文联系在一起。

《易传》:“天象、见吉凶。”

《易传》:“观乎天文，以察时变。”

《黄帝内经》:“人与天地相参也、与日月相应也。”

《汉书·艺术家》:“天文者、廖二十八宿、步五星之月。”

《吕氏春秋·贵因篇》:“夫审天者，察列星而知四时也。”

董仲舒:“天、地、人万物之本也，天生之、地养之、人成之，三者相为手足，合以成体，不可一无也。”

王充:“人禀天地之性，怀五常之气。”

天人感应说的基本观点是:

（1）天、地、人是一个整体，它们相互联系、相互影响，天可以感应人，人是万物之灵，也可以感应天。

（2）天地万物都是“气化”的结果，气是万物之本源。因此，人也是气化的事物，可以根据“人”禀气的清浊淡状况来推测一个人的命运。

（3）天、地、人的活动都有一定的规律，例如四时，人应该遵守这些规律，不能超越它。

这种天人感应说的形成，显然具有一定神学的特点，但是人类对自然界长期的观察是这种观点形成的基本前提，这种把天地人统一起来的观点，把宇宙看成是一个整体显然是一种物质的观点，具有朴素的唯物主义的思想。

现代科学已经初步揭示并将不断地揭示天地人相统一观点的正确性。

人类有文字记载的历史不过是7000年左右，而生命的历史却有几十亿年。科学的童年是在3—5世纪，虽然在文艺复兴时代有显著的发展。但科学真正的飞跃是在17世纪牛顿时代开始。

人类现在可以观察到100亿光年以外的太空。射天望远镜、超巨型计算机、宇宙飞船等等，开辟了人类研究宇宙的新时代。但是人类认识地球的能力仅限于20公里以内的小小深度，对自身的认识更是微乎其微。

从宏观的角度来看，在战胜自然方面显示了人类的软弱，那些洪水、风景、地震等自然力是人类至今无法避免而不能够完全战胜它。

天文学、生物学、遗传学、人类学、心理学等科学的发展，特别是生命科学的基因研究，不仅提示了人的遗传作用，也证明天体对人的影响的自然性，人是自然的产物，也就是天地的产物。

人类的探索首先是对自然界的变化给人带来灾害吉幸的观察，对天象观察是古人类主要想了解天象变化会怎样造成灾害。

我国古人对天象观察由来已久，从出土的多种文化遗址中，我们可以发现大量的对于日、月、星的天文记录。例如：郑州大河村仰韶文化遗址中出土的彩陶上绘有太阳纹、月亮纹、星座纹等图案。从星纹残片中有似北斗星尾部的图纹，说明了我国古人对于天象的重视以及对日月星辰的运动规律有一定的了解。

在四川省珙县麻塘坝七盏灯的岩画中，有古人和畜牲在日月星下生活嬉戏的图案，这一方面说明了古人对未来生活美好的向往与天象联系在一起。

观察天象是人类希望了解自然，了解自己的最基本的原始的物质和精神需要。欧洲大陆克洛麦农人早在32000年前古石器时代就能够观察天象，并将观察到的结果刻在骨头上以记时令。古埃及人在4000年前就能够根据天狼星偕日出来预报尼罗河涨洪水。

古人对天象的运行变化是直接观察而不断地积累经验。从最初的对日月的观察到对日蚀、月蚀的观察。古人确定了二十八宿恒星。在确定二十八宿恒星后，古人可以有一个观察的坐标。对深入观察天象奠定了基础。

在观察恒星中，古人发现了五大星。五大星中对人产生最大影响的是木星，木星在五大星中占有首位，我国古人称木星为“太岁”。现在还有那句：“太岁头上动土”的谚句，说明木星对人的重要性。在西方木星是朱庇特，就是天帝、天神，可见东西方对木星构成人的命运是何等之重要。木星绕太阳一周是12年（11.86）。它的体积是地球的1300倍。木星与土星每隔60年（59.5779年）在天空中会合一次。这与12地支与60干支是吻合的。可见，古人对某一特定的星体运行变化与人对应起来的观察结果与现代科学对某一星体的观察是相差无几的。

由于生产力水平的低下，古人受历史条件的限制，以及天象的运行变化乃至于整个宇宙的变化是无穷的，所以古人不可能全面了解天地的变化。例如，地球形成时一天才 4 小时，5.7 亿年后是 30 小时，地球自转的速度又会受到潮汐的摩擦而减缓，以及某些星体逆行等。英国的科学家就发现从 1958 年起大气层顶离地球降低了 8.045 公里。

古人在观察天象的运行变化给人类带来灾害和吉祥的时候，也观察人自己。为什么人之间有能力大小的差别、性情的差别、灵敏的差别，这种差别从母亲的肚子里出来到老都变化不大。既然天生育万物，而人也是天养育，那么，人就是天生。这种天生的人命观与天象对应起来，自然就形成了命是天生的。

天象的运行变化对人的影响是显而易见的，最明显的就是四时的变化，即气象的变化。人在春天要做的事情与冬天要做的事情有明显的差别。恶劣的天气不仅对农业收成有显著的影响，对人的健康、特别是疾病的产生都有明显的作用。这种显著的变化，使人的活动随着天象变化的规律无疑是形成天人合一的一个基本的依据。

问题的关键是，人是否就是少数星体的运行变化而决定了人命素的组成。这种影响又有多大的程度，即天象的运行变化对人的影响是否达到全面的了解？

在物质运动中尽管存在着物质运动的多种多样的形式，但宇宙变化的基本规律应该是同一的、即吸性与抗性、能量守恒、同化异化等。人作为万物的一种，也是宇宙演化的结果。人是自然的产物，因此必须了解并遵循自然规律。但人作为万物中生命的一种又有其特殊的规律，那就是社会规律。社会规律相对于自然规律来说，自然规律是基础、是前提。在自然规律的基础上才能谈社会规律。从这个意义来说：社会是自然的再生物。从这一点上又说明了人是物质的产物，不是精神的产物。寻找人的规律，研究人必须到物质中去寻找。人只有充分地认识自然规律，才能认识自己。不能认识自然规律对人的决定作用，就不能真正地认识自己。

自然规律对人的影响是显而易见的，随着科学技术的发展，人类对天体及其运动越来越了解，从而天对人的影响会认识得越来越深刻。

现代宇宙学认为：在50亿年前，星云在演化过程中产生了太阳这颗恒星。在46亿年前，太阳系中有了地球。在太阳系中，九大行星围绕太阳转。在太阳系外又有许多像太阳系的恒星活动，这就是银河系。在银河系外又有许多像银河系一样的叫星系。

在地球上由于某些星体的运行变化与宇宙射线紫外线、闪电等自然作用下，形成了生命的基本单位：细胞。奥地利生物学家孟德尔在做豌豆试验时在苗圃中发现：所有生物特征和外形都是由一种化学遗传因子所决定的。美国生物学家摩尔根称之为“基因”。

基因的发现进一步证明了人的生命是宇宙演化的结果，是自然的产物，不是传说中意志的产物。在生命的初期，生命体的活动都是由基因来控制指挥的，随着外部世界的作用，产生了更为复杂的基因。这种基因就有了神经系统。高等动物的基因是变异的结果，在自然界延续、繁殖等演化过程中就产生了大脑。

人的形成是基因变异的结果，是自然界进化的产物。从细胞这一生命的开始，到最后形成人。基因是生命的载体，同时也说明基因是人的本质。质的稳定是人类进化最基本的保证，人的进化就是靠基因这种稳定的“质”来完成的。因此我们说，基因的发现是人类科学史上最伟大的成就，而基因的进一步研究将给人类带来不可估量的巨大影响。

自然界演变而产生了基因，基因进一步进化而产生了人。所以，没有现在这样的自然界即宇宙的形态，就不会有现在这样的人类存在。没有现在这样的人存在，就没有现在这样的社会形态。这就表明了一种关系，即天与人的关系。天对人的感应关系，是天造就了人。

基因是科学技术的产物，从而是如此的不可辩驳。基因说的出现，恰恰说明了人是天生的，也从科学的层面上论证了天人感应说所具有的正确的一面。射电天文学家通过对频谱分析，在靠近银河系中心的星云中发现了生命分子氨基酸，在双鱼座内发现了含水云层。这就说明，宇宙状态必然会演化生命这一形态。只要这种宇宙状态存在，即除了地球以外，其他星球存在生命的可能性就会存在。据科学家统计：大约每 100 个存在生命的恒星系中就有一个存在着智慧生命。这一种估计不是没有道理的。只要有构成基因形成条件的地方就有可能形成基因，有生物体基因的地方就有可能形成人。

科学技术是对物质及其变化研究的正确手段，正因为如此，它就必须有可见物质，正因为如此，它就必须有工具，这同时也就表明了科学的局限。

哲学是研究物质运动的规律，规律是物质运动内在的联系，是自然法则的体现，为了正确研究物质运动的规律，哲学就必须找出所有的内在联系而不仅仅是科学方面的，这就表明，哲学的视野更加宽宏。

因为是研究规律，所以从哲学来说，有什么物质就有什么能量，有什么能量就有什么结果。天体的形成及其运动都是有规律的，找不出任何一颗星星是相同的，没有一个星系是相同的，正因为上亿的星星的位置包括结构都没有相同的，所以，地球上有了生命、有了人，其他星体上就不可能有什么外星人，换句话说，你永远也找不出相同的银河系、相同的太阳系、相同的地球、相同的月亮、相同的时空状态等等的相同，找不出这些相同，又怎么可能找出相同的人？

基因是人的基本单位。现代科学初步提示了遗传基因与性格、智力、长相的关系。基因的形成是宇宙演化的结果。这就使现代科学从多方面提示了天感应人的多种形式。

美国科学家偶然从治癌病药物研究中的统计数据中发现，人的寿命长短同自己的双亲出世那一天太阳黑子的数量多少有关。美国科学家收集了 7552 人的资料发现，人出生在太阳黑子最多的时候比出生在太阳黑子最少的时候，寿命短 2—3 岁，而在同一年出世即在太阳黑子数量相等的情况下寿命相同。并且是 9—12 年为一个周期，很有规律，这与古代人以出世那一年为依据推断一个人的寿命长短有理论上的相似。

科学更多地提示了天象运行变化对自然灾害的产生和对人

的健康疾病以及心理活动都有直接的联系。

在太阳系中，九大行星围绕着太阳转，在行星与行星之间，太阳与星体之间，都受着牛顿定律、开普勒定律等的影响。各种星体的功能作用使地球有获得过多或过少的能量，而地球为保持平恒状态就要释放多余的能量，所以灾变是由于星体的运动与能量守恒所产生的后果，这种由天象变化产生了水、旱灾等自然灾害，是自然界物质运动的结果，并不是神的意志。

自然灾害不仅是宇宙物质运动的结果，一些不明原因的非人为的灾难出现，也是天体运动作用的。如有的飞机坠毁，是在行星合日或合月的时间里发生的。飞机在飞行中，被这种合日或合月的引力冲击或行星引力使气流垂直冲击机翼造成飞机坠毁。

天象的运行变化对人的健康有着更为突出的影响。这种感应是显而易见的。

很多科学家指出：太阳黑子和太阳耀斑除了降雨、地磁力外，对人类的健康与疾病的影响也是不可忽视的。如冷锋与暖锋的交锋对人有着显著的影响。如果交替的数量太少，体内就会有懒洋洋的感觉，相反，又会引起血液循环系统的“抽搐”。

匈牙利科学家发现，暖锋经过的时候，牙床发炎的发病率就上升。一些研究显示：学校中违规行为可能也与低气压有关。我们人本身也能感觉到，在不同的气候条件下，不仅身体有适应和不适应的感觉，在心理上也有愉悦与不愉悦的感觉。

在南方生活惯了的人在北方的感觉就不一样。自然环境的不同影响人的心境，而心境的变化又影响人的行为，这是不容置疑的。

有一项研究表明：11 年太阳黑子周期结束时，人类免疫球蛋白的水平下降。苏联科学家检查了 1961 年、1967 年某市心肌梗死日发率和死亡率，发现在地磁活跃期上述两项指标明显高于地磁宁静期。由于太阳活动引起地磁力的作用，使人体内血凝溶解过程放慢，从而导致血栓形成和心脏病发作，造成了缩短生命。

荷兰气象研究中心和英国科学家也做了大量的调查，其结果证实了前苏联科学家的说法。我国医疗气象学家通过对上海市每天死亡人数与气温的研究，发现了深秋以后，死亡人数急剧增加。死亡高峰期最高的 2 月，比 7、8 月高 2 倍。其原因是：寒冷刺激会引起人体一系列生物反应。如血管收缩、血压升高、心肌缺氧现象加重、血液黏稠度增加等。人作为高级动物来说，生理的反应必将影响心理的反应。所以，诸如太阳活动等天象的运行变化影响人的身体，表明了天对人的感应的正确性。

英国威尔士大学的两位博士提出了感冒病毒来自宇宙空间的看法，更是使世人难以接受。他们的依据是：从 1762 年以来，17 次世界性感冒大流行大都与同时期的太阳黑子活动的高峰期相一致。英国的天文学家近来也宣布了感冒大流行与太阳黑子有关。这种见解，在短时间内不会被人们所接受是可以理解的。

天象运行变化不仅会造成自然灾害危及人的生命，还会造成人的疾病危及人的健康，所以我们的古人研究“天”。为什么古人会重视天象运行的变化、重视四时方圆的变化？为什么旧的历书都有每天应该做什么和不应该做什么的告诫？那都是天的作用，天的影响。但是这种“天”对人的作用到底有多大？而这种作用表现在哪些方面？这是古人不可能完全正确的了解的，也是今天科学家难以解答的问题。比如说现代生物学家的研究显示：骨质的密度与气温有关。这与传统的用骨相来推测人的命运是否有一定的根据？骨质的密度是不是与性格有关？还有不同的自然气候、不同的地理环境，对于人的作用，以至于性格、长相、智力的形成有多大影响？都不是一个科学家和心理学家或者哲学家能够解答的。

但“天”对人的形成与进化起了决定性的作用是不容置疑的。并且在人类史上一直影响人的发展。即对人的性格、智力、健康、长相都有不可忽视的影响。但令人稀奇的是，有些人把经济的发展也与“天”对应起来。

1847 年，英国物理学家克拉夫调查英国经济的时候，发现经济膨胀每 10—11 年有规律地重复一次。这种规律正与太阳黑子活动周期相近。

苏联学者康德拉季耶夫 20 世纪 20 年代在对英、美、法等国的批发经济指数、名义工资指数和对贸易总额分析研究中，发现其长期循环是 50—60 年。我国大西北的大风暴也有 60 年的周期，即 1901、1961 年。11 年的经济周期与 11 年的太阳黑子的周期相应。60 年的周期与木星跟土星会合 60 年相应。这种研究与统计，我们虽然不能说是与“天”绝对有关，但是有一点是可以肯定的，木星 12 年一周与太阳黑子 11 年一周对地球植物产生的兴衰不同，农业的收成就不同。在一个以农业为主的国家里，这就有决定的意义。

在现代经济中，农业收成的好坏在很多国家不占主导地位。但是无论是农业经济的兴衰，还是人生活的自然条件不同，天体运行变化对人类的影响都是不可忽视的。

自然规律是社会规律的基础，社会规律以自然规律为前提，社会规律相对于自然规律是特殊规律，不能把社会的特殊规律与自然规律独立开来。社会规律受自然规律的支配这是唯物主义的观点，是物质的观点。

社会规律自然有其特点。但是人类的历史既受到社会规律的制约，更受到自然规律的制约。社会受到“天”的感应，这是一个一下子很难接受的观点。把天人统一起来的观点更是叫人难以接受，但是，这种天感应人却是实实在在的，无法予以推翻的。

天人感应论作为我国古代重要的哲学思想来源于对自然，即天的观察，因此它有正确的一面，这一面也是中华民族智慧的体现，表现出古代人对自然规律的探望，对大自然的敬畏。而正因为自然规律不以人的意志所动，古代人才会敬畏，也正是这种敬畏，又使得天人感应论神秘化。

物质与意识

物质与意识是人类认识世界的一个基本问题，数千年来，有数千数万的哲学家、科学家探索着，即使在今天，这个基本问题还在困扰着我们。

虽然我们已经揭示了意识的起源，但那些热衷于神话的人不会低下“高贵”的头，他们要维持他们所有的一切，包括思想。可是，任何伟大的思想都必须建立在科学的基础上。什么是科学？科学就是要有物质观，没有物质的、看不见的、虚无的怎么会使人相信？但确确实实是会有人相信那些见不到影子的事，你不能要求所有的人都要有科学的物质观，正如不能要求所有的人都吃汉堡包一样。

人为什么会相信那些虚无的事？这除了精神需要外，还有人本身的意识作用。因此，相信虚幻是先天性的，它可以遗传。从而，你就会明白：为什么物质与意识是人类认识世界的一个基本的问题。正因为是基本问题，才会有神话，不仅有古代神话还有现代神话，不仅有民间神话还有科学神话，神话无所不在是因为意识无处不在。因此，只有充分认识意识才能认识我们自己，才能更正确地认识世界。

我们在《太阳为什么不掉落》一文中已经有了物质的概念，在《意识的起源》一文中也知道了意识是怎么来的。在这篇文章中我们就可以谈论物质与意识之间的关系。

实际上，从《意识的起源》中已经很清楚地表明着物质与意识的关系。

首先，意识是物质的产物。整个世界都是物质在演化，意识也是物质演化的结果，从而意识就是物质的产物，它是物质演化到特定时空下的产物，也是地球生物演化的结果，这种结果源于物质本身的特性——反应。正是所有的物质都有其反应性，使得生物在太阳系中有规律的反应产生了意识。

其次，意识是有能量的。由于意识是物质的，它就跟物质一样是有能量的。意识的能量既表现在它本身的电信号，又表现在动物和人类的进化中。所有的意识都能够产生电信号，不管是语言还是思维、意念；所有动物的进化和人类的一切都是在意识下一步步完成的，没有意识就不会有人类，也不会有动物。

再次，意识的活动是有规律的。由于意识是物质的，它的运动就跟所有的物质运动一样是有规律的。这种规律性既表现在动物社会，也表现在人类社会。所有动物的进化都必须遵循着本身的生理特点与环境的共同作用的进化规律，人类社会的进化也是有规律的。所有的民族、国家都遵循着从低级到高级的进化路线。

最后，意识是物质存在的特殊形态。意识看不见摸不着，但它是真实存在的，它存在于我们的躯体中，一旦生命完了，意识也没了。它看起来是独立存在的，但它是不可能脱离生命体的。物质是意识存在的本原，意识是物质存在的表现，因此意识虽然是精神的，但它的存在就必须要有物质的东西，这个物质的东西就是神经细胞，神经细胞是意识的载体是不容置疑的。正如克拉克对意识的研究后所指出的：

由此可见，马克思主义的唯物主义是正确的。

那么，为什么围绕着物质与意识人类数千年来争论不休？

一是意识的复杂性。由于意识进化的多层次，即从反应意识进化到自然意识再到人类的社会意识，不同的阶段意识有不同的表现形式，低级阶段只用动作表达，中级阶段增加了用声音来表达，高级阶段即人类又增加了用语言来表达。动作、声音、语言都是表现意识的形式，这就加重了人对意识的认识。在表达方式上，意识又有无意识和有意识两种，特别是无意识让人无法理解。

二是科学对意识的研究最为困难。由于意识是物质存在的特殊形态，它与所有的物质不同，这就决定了意识研究的特殊性。虽然现代脑成像之类的科学仪器对意识的研究前进了一大步，但是人最复杂表现最多的还是无意识，无意识不仅存在于大脑，也存在于人的所有器官及其他身体组织内，这就使得科学对意识的观察十分有限。

三是人类的需要，由于意识的复杂性使得人类对意识的认识模糊化、神秘化。又由于自卫心理的需要，使人产生鬼神观念。鬼魂、神灵以至于灵魂、心灵、心理都是人无法认识意识的结果，但意识又无处不在，人类又需要去解释自然与人本身的许多问题。于是，就会出现物质与意识问题的争论。

我们要重复的是：物质是第一性的，物质是意识存在的本原，意识是物质的产物，是物质存在的表现，没有物质就没有意识，但没有意识却还有物质，物质是不灭的，而意识是可灭的，意识与物质一样是有能量的，正是因为意识有能量才能使得所有的动物得以进化，也使得人类不断地进化。

八字算命准吗？

八字算命是我国迷信中的重要内容，如果我们能了解它，比简单的空洞无物的批判会更有说服力。

什么是八字算命法呢？

八字算命法是我国古代人通过一个人出世那一天为准，排出年月日时的天干地支，称为四柱算命法，每柱一个天干一个地支，一柱两个字，共计八个字，所以称八字。

八字算命法把天干地支结合起来，又把阴阳五行与万事万物对应起来，其运行的过程就是一个相生相克的过程。相生而不过则为吉，太过或相克则为凶。为了达到相生相克的关系，有人为地配入星座中的神煞。如：天乙贵人、华盖、文昌等。另一方面又增加刑冲化合害和旺相休囚死等多种形态。这就使人的八字出现了五花八门的多种多样的相生相克的关系。从这种复杂的关系中，算命先生推测出人一生命运的吉凶祸福，似乎是一目了然，全在这八字上面。

要是人的命运都在这八字上面那就太好了，我们只要花上几元钱，就能把几十年的人生之路摸得清清楚楚。这还不合算吗？

“甲乙丙丁子丑寅卯”外行人看起来蛮有道理，内行人看似乎也觉得有点儿带劲。这么神秘的命运跃入掌中。岂不好玩。

我们说：八字算命的方法与命理经不起推敲与时间的检验。这种看似严密却无规律无科学的方法，既糊弄了他人又糊弄了自己。

玄奥是所有算命术的突出特征。说明了算命术的非科学性决定了八字算命术必须是玄奥。

阴阳五行是八字算命术中最基本的概念，给人家批八字，首先要懂得五行，五行是物质的一定属性，而不是物质的全部属性。而命理学为了达到满足更多人的需要和玄奥的特征，把五行当做万花油，什么东西什么事物都涂上去。不这样，似乎不显示五行的威力。如季节味道方位人的内脏五官等等。

只要在有物的地方五行都可以嫁出去，只要能与人的命运挂上钩的地方都要贴上金木水火土的标签。这种主观的随意性充分说明了命理学不严肃的态度。例如说木，在命理中，木属东方，木又属春，所以生在春天的人，如果是木就好。春天的木带点寒气必须有一点火去温之，自然还要有水去润之，可是火与水太多了又不行。

木又有甲木和乙木的不同，甲木是阳，乙木是阴，甲木又为栋梁之木，乙木又为花果之木。这种阴阳五行的关系硬要套在木上，实在使人感到玄妙。在八字算命术中五行又分为正五行和纳音五行，很多人用正五行，也有人用纳音五行，还有人把正五行和纳音五行合起来用，两种五行同时用在算命中肯定要造成矛盾。如在正五行中，甲乙为木，子丑为水，而纳音五行中甲乙丑却是海中金。

从排八字的方法来看，也说明了命说缺乏逻辑的条理，这就十分容易造成同一八字的例子在不同的算命先生这里命运不同。即使同一八字的命在同一个算命先生这里，由于命理不明确和逻辑上的混乱，也一样有不同的命运。

在排八字中，月柱的排法有的命书必须以季节为准，有的算命先生或命书又有不同的排法。一般是以年上起月法。两种排法形成的八字干支大不相同，如 1952 年二月初九生，按年上起月法应为癸卯。按季节排法又应为壬寅。即这一天在惊蛰前一天，就应该是在立春至惊蛰的季节。癸卯与壬寅这两对干支所推断的命运显然不同。这种还不统一的情况由算命先生各人各用的方法充分显示了算命法的不严肃和随意性。

而时柱的排法就有更大的出入了。子时是指晚十一时至一时，有的命书或算命先生只要在子时就算当天的出生时。这是一种情况；另一种情况又为“当日夜子时”为夜十一时至十二时。“次日子时”为十二时至一时，两种方法由算命先生自用。但这两种方法都有不可克服的矛盾，都会产生无法避免的逻辑错误，两种不同的排时柱法形成的八字就大不相同，然而得出命运的结论也不同，这是一个矛盾。以第一种方法即以当天子时计又有矛盾，如果是月末子时或年末子时差别就特别大，这就会相差一个月或一年。如果用第二种方法，又是一个矛盾，即按当日夜子时为当日的子时，按次日子时为第二天的子时，转到次日夜里十时至十二时又是一个子时。一天就变成了两个子时的。即如果两个人：一个人是在凌晨十二时至一时出世，那么这两个人就显然差十个小时以上，却都是一个子时，即相同的时柱，岂不是更大的差异吗？所以，排时柱无论哪一种办法都有无法克服的矛盾，这是因为八字算命不科学的方法，而是主观的设置，所以它就无法自圆其说。

八字算命可谓是矛盾重重，在排小运中，也存在着不同的方法，在《渊海子平》中，它以固定的干支起小运，即男一岁丙寅，二岁丁卯；女一岁起壬申，二岁起辛未。但另外一种叫醉醒子的方法，是以时辰干支做基准的，男命阳年生顺推，阴年生逆推；女命阳年生逆推，阴年生顺推。如庚辰年甲子时生是男则一岁为乙丑，这种小运的两种排法由算命先生自己把握。而相同时间出世的人由于小运排法相异，其命也会形成差别。

神煞按命理上说对人的命运有相当大的影响，所以有的命书中说：神煞不准，则命全盘皆错。相反，有的命书上如《命理探源》又认为“星辰无关格局”，又不主张用神煞或少用神煞，用神煞和不用神煞所产生的命又不相同，甚至矛盾。这是其一；其二，神煞有100多种，如果全部用上或大多数用上，就必定会在人的命运中出现在某神中为吉，出现在某煞中又为凶，这种又吉又凶的现象就把人的命变成了四不像。这种杂乱的现象一直沿用下来，但也不碍事，一般人也不懂，反正是算命先生一张嘴讲。有的算命先生发现了这一类问题，就主张少用神煞，或用几种主要的神煞，以防神煞相乱。还有，对于查神煞又有不同的方法，有的主张用年查，有的主张用月、日查，各人各用，各人各说，无统一的说法，没有统一的标准，只要能够“运用之妙，存乎一心”就可以了。这不是自相矛盾信口开河吗？

一个人的八字排好以后，就要起大小运，流年命宫胎元神煞等，形成一张万国地图，由算命先生在上面走。因为如果光是八字的话，只有四个天干、四个地支，但只要加上大小运，流年地支十二个，搭配起来六十个。一个人有几十个干支的命就很容易产生又吉又凶，又相生又相克的矛盾命运。那怎么办？不要紧，这玄奥一方面显示了算命先生的高超技艺，另一方面算命先生又可以按自己的需要解决。有刑冲不要紧，命理家可以用化与合来解决命运的问题。如果从八字来看命运不好，而某人确实命好，算命先生可以用一个干支来说明那是因为化命由不好变好了。这就是说，在算某一个人的命时，八字上显示不好，而实际上某人命又不错，那么其解释就可以从大小运中或者流年、命宫中寻找有能化能合的干支不就得了。如某个人命里为木命，从八字上看不太好，就可以找到甲和乙，因为甲乙可以合为土。

又如羊刃在命理中是可怕之凶煞，一般人碰见了必受其害，可是为官之人碰见了叫“官印相助福相资是羊刃带实禄”，而如果是弱身之人遇羊刃，可帮忙增加一点杀气，帮助自己。身强的人遇羊刃则增加凶气，同样的凶煞要看什么人遇到而为害或不为害，有贵神相助之人遇之则无害，这说法多么灵活机动呀！可是到底哪个身弱，哪个身强，弱和强的标准在哪里，而有没有贵神相助谁能知道？这就根本没有个准确的说法，只得由算命先生控制，在那里胡说八道。

还有，如果在八字大小运里有凶有害都不要紧，最拿手的好戏就是凶与害也可以避之，如果不这样说，怕自己错了即没有凶讲有凶，没有害讲有害。特别算人家已经过去的事不对头的话，这不是自己打自己的嘴巴吗？

凶与害可以避之有两种妙法：一是避方向，比如说西北方向对你不利，你可以去东南方向；东南方向与西北方各50%概率，算命先生可以充分利用这一点。二是还可以用德去改变凶害，如果有灾害可以说是命里有，也可以说是做了不对的事而产生了灾害；如果没有灾害可以说你的命里没有，要不然就是因为做了好事而化解了灾害。真是“讲话不要本，舌头打个滚”，怎么说都是有道理的，左也可以，右也可以。

从以上的分析中，我们不难看出，八字算命术不仅在命理方法上都是漏洞百出，这种站不住脚的东西算命先生自己比什么都清楚。

最初唐朝的李虚中用年月日来推算一个人的命运。到了徐子平这里就增加为年月日时。为什么要增加这个“时”呢？徐子平认为这样八字能更全面更准确推断一个人的命运，同时也能适用更多人的需要。这就增加了八字算命的面。可是，算命大师万万没有想到，增加“时”以及增加其他内容虽然从某些方面更能圆通，然而由于算命的非科学性，因此它增加内容又使它更容易暴露其自相矛盾的一面，从6个字增加到8个字看起来更精确，然而增加两个字的干支又出现了问题，就连徐子平也不曾想到，当然就是发现了也没有办法，反正是糊弄人的，尽量不出丑就可以了。徐子平增加一个时柱，而时柱中的子时，这个大矛盾是无法克服的。到底子夜 11—1 时是算一日呢，还是算二日呢？无论是算一日还是算二日都无法解决矛盾。也就是说，凡是子时出世的人很多都是两种八字，即两种命运。这样，八字算命术是怎样的站不住脚更可想而知了。

八字算命无法自圆其说，矛盾百出。

化合刑冲等实际上是八字算命用来解决八字中出现的既相生又相克的进一步的方法。如果光从八字上看，不仅不能自圆其说，反而使人一看就觉得太简单了不可信了。因此，八字算命只有从大小运、流年等组合排列成更多的天干地支，才能显得更深奥更准确。但是这里又出现了问题，这就是干支太少了说明不了问题，干支太多了又暴露了问题。就拿起大运来说吧，如果某个人是 50 岁，他从 3 岁起大运，那就必须增加 10 个干支，这 10 个干支与原来的 8 个干支相生相克，化合刑冲就增加了更大的范围。这就很容易产生又吉又凶的矛盾。这是一。其二，如果某个人是 100 岁，排大运的话那就是加 20 个干支，古代人 70 岁为稀，而现在 70、80 岁以上的人也不少，随着社会的进步，人的寿命越长，干支就越多，干支排列组合得越多，形成化合刑冲的机遇就越大，相生相克的概率就越大越多。自然会形成又吉又凶重叠在一起的命运，也不知多少长寿的人在八字算命中克了多少回。

事实上把八字、大小运流年命宫胎元等基本的干支加起来，最少也有 20 多个干支，命长的可达 30 个干支以上，人的几十个干支排列组合起来不相生不相克才怪呢！这种很容易又相生又相克，你中有我、我中有你的现象实在叫人啼笑皆非，而这样没有统一的标准去演绎去推理，由算命先生去讲，这样的命算出来可靠吗？如果不可靠去相信它，我们自己不是变成了可笑而可怜的人吗？

有的算命先生发现了这个问题，增加内容即干支，反而会出现更大的漏洞，不增加内容干支又简单了，人家又不太相信。因此，有的算命先生又提出只用或者主要以日柱两个干支为准，有的又主张用年月日六个干支，有的用神煞，有的又不用。为什么会这样不统一呢？这是由于这种非科学性必然会产生的矛盾。

科学的方法是经得起挑战的。它能够由你去推敲和检验。不管是数学公式还是物理定律、化学元素等，都是不可动摇、不可推翻的。现代人的文明社会哪里不闪跃着科学技术的光芒，而那些算命术给人类带来了什么呢？

所以，算命术在现代科学面前只能在角落里愚弄那些无知的人。

1552 年英国 15 岁的国王爱德华六世病重，请来了著名的占星术家卡丹替他算命，卡丹说："小王子福寿双全，美中不足是过了 53 岁 3 个月 17 天后一定多病。"而算命后 9 个月国王就驾崩了。

星象家选择 1953 年 6 月 2 日作为英国伊丽莎白二世女皇的登基日，因为他们说这一天是一年中最晴朗的一天，但结果这一天却下雨了。

唐朝有一位很有才学的人叫吕方，他对算命进行了深入浅出的研究。他在《叙禄命》对几个人的命案作了分析，秦始皇，生于秦庄襄王四十八年五月，岁壬寅，按命书是“命当背禄，法无官爵”并且“为人无始有终”，“法今长寿”，实际上，秦始皇不但当了官，还当了皇帝，他才活了50岁就死在出巡途中。二是汉武帝刘彻生于汉景帝元年七月七日，按《禄命书》为“少无官荣，老而方盛”，可刘彻16岁就当了皇帝。北魏孝文帝，生于皇兴元年八月，岁在丁未，按命书不但没有官禄，还是遗腹子，可事实却相反。

八字算命术是以一个人出生那一刻为准，在理论上，虽然与天象运行变化对人的感应相符，但八字算命术是预测人命运的方法，与理论是两码事，但因天象运行变化对人的形成至今无法预测，以及八字算命术的不科学性，所以我们说，八字算命术是人为的虚妄的设置，缺乏科学统一的演绎与推理，它只能是“瞎猫碰死老鼠”。

由此可见，八字算命不是一处两处矛盾，而是矛盾重重，经不住一驳，这是因为八字算命纯粹是主观设置，这种设置与客观对象根本无法对等起来。

八字算命法的理论依据是天人合一，可是算命的创立者既不知道天即自然的变化规律又怎么能知道人的变化规律，即使知道天如何变化，也不可能知道人的变化，因为社会规律与人的变化不能与天的变化同等起来，正因为是主观设置，它就必须故弄玄虚，似乎要精密计算才能算出一个人的命运来，然而，明白人不算，只有瞎子才算。

无论算命先生如何会算，也经不起当场检验，我们可以给几个人的八字由算命先生推算，这几个八字应该有一两个是已去世的人的八字。无论多么高明的算命先生也算不出这人是哪年哪月哪日去世的，一生中哪年哪月有什么吉与凶的事情出现等等。这就是说，无论从时间或空间上算命先生都说不出一个正确的具体数字，算命先生只有糊弄那些无知的人。

1978 年，英国有一位占星家曾公开登报出 500 英镑，称：谁能证明黄道十二宫对人有影响就可以领奖，这笔奖金至今无人领取。

如果我们设立一个数万元的奖金，叫算命先生推断几个人的八字。同样，这些算命要钱的算命先生没有一个人能拿到这笔奖金。也没有一个人敢登台亮相。

总而言之，八字算命与所有的算命术一样都是人为设置的，然而不可能是准的，从而是不能相信的，所以我们说，无知并不可怕，最可怕最可恶的是用无知来欺骗无知。

人类进化史（上）

人的演化是指人与动物分化以后在自然界与社会中的进化，因而人的演化实际上就是人的进化，人的进化从直立行走开始到现代约有 800 万年的时间，人的进化是社会进化的基础，但社会的进化又影响着人的进化。从整体上看，人的进化与社会的进化是同步的，因此一方面我们从社会的整体形态即人在各种社会形态下是如何进化的；另一方面，主要通过人的生存方式以及生理、意识、文化来表述人的进化。

1. **原始社会**

原始社会初期，也就是从 800 万年前人类与动物分化开始，这一分化是以人的直立行走为标志并以人使用木棒作为重要的生存方式而出现。

我们知道：所有动物在生存斗争中都是使用身体来获取食物与对付天敌，动物用它们的嘴、爪或用身体的其他部分来获取食物，同时也用它们的嘴、爪、角及身体的其他部分来对付天敌。只有人类才能使用工具，既可以用工具来获取食物又可以用工具来对付天敌。

人类的起源就在于能够使用工具，因为只有能使用工具，才能够想要制造工具，只有制造工具也才能使猿变成人，也只有这样，人才能从动物单纯地依靠身体的动作来维持生计转到用工具来达到新的生存方式。这种新的生存方式是人类作为原始社会的最初的一种生存方式，表现为：从树栖转到以陆栖为主的生活方式。它们的行动方式是在直立行走中常手持木棒，他们获取食物的方式是采集为主，所以他们的食物主要是植物类。

在这里，我们要了解采集是在树栖生活中形成的，也就是说，采集是树栖生活的产物；不仅人类如此，其他灵长类动物如黑猩猩也能采集食物，黑猩猩会用细树枝钓蚂蚁，甚至会用树叶作匙子，用石头砸果子。但黑猩猩无法使用粗枝，所以它既无法用木棒挖掘块茎树根，更无法用木棒来对付天敌。

人类的祖先从树栖转到陆栖是生存方式的重大转变，这种转变是以人能够使用木棒才能做到的。因为使用木棒，人类在地面活动中遇到危险特别是遇到强大的食肉动物时才能够与之搏斗。不仅如此，木棒还可以站在地面上来挑落树上的果子，挖掘地下块茎等等，扩大了人类的生存空间。

特别重要的是地上的石块可以用来砍断树上的树枝作木棒，这就代替了用手来折断树枝。

在人类长期使用木棒的过程中，知道了粗硬的木棒更有击打能力，更尖利的那一头更有杀伤力，于是用地上的石块来砍削木棒，从而使木棒具有更大的作用就成为原始人的一项重要的工作。这项重要的工作是人类生存方式的一个不可缺少的重要方面，也是人类赖以进化的关键地方，因此我们可以从新旧石器时代的石器工具的进步清楚地看到，在原始社会中，古人类奉献了他们辛勤的劳动，倾注了他们毕生的精力。

在原始社会初期，由于地面生活而能够用地上的石块来加工木棒，加工木棒是原始人本身的生存需要。

在自然生存斗争中，对人与动物来说自己不受侵害是第一位的。可以少吃一点，甚至可以忍饥挨饿，但不能被它物所吃掉。而人有了这根木棒被吃掉的可能性大大降低，捕食的能力又大大地加强，这就是人类为什么会使用木棒，为什么会想办法用石块来加工木棒。

在原始社会初期，木棒既是劳动工具又是捕食工具，最重要的它还是原始武器。因为有了木棒，人类才能在禽兽横行的原始森林中较安全地生存下来。这就说明了一个问题：在人类进化史上，没有什么比武器技术更重要的。木棒作为武器对原始人的生存具有决定性的意义。时至今日，武器对于国家政权的生存也同样具有决定性的意义。因此，我们可以说，没有原始武器的产生就不会有人类，人类也很难从树栖到陆栖。我们还可以说，没有木棒这个原始武器，猿变成人是根本不可能的事。

现在我们来说人类原始社会初期生存方式的另一个方面：采集

采集食物是树栖生活中所形成的，与其他灵长类动物一样，人类最早是利用身体来获取食物，如用手摘取果子、树叶，抓获小虫。随着人类开始使用木棒后，又增加了采集的方式，如用木棒挑落果子或打落树叶，用木棒挖掘地下的块茎、树根。

人类初期以采集为主的获取食物的方式决定了人类早期的食物是以植物类为主，这从人类的牙齿化石中可以看出。在东非发现的一种叫鲍氏南猿就有很大的颚骨和臼齿，表明了它们通常的食物是一些树叶之类的植物。南方古猿被称为最早的人类祖先，它们的臼齿也较大。

人类早期的肉食是较少的。除了抓住小动物或小虫外，在缺食的状态下，也捡拾剩肉和死肉，但素食是人类初期的生活习性。

生肉是食肉动物的生活习性，从而注定了食肉动物的野蛮性与攻击性。

以采集为主、狩猎为辅是人类初期捕食方式的一个重要特点，它说明了人类祖先是一种食草动物。这是由人类祖先的生理条件所决定的，并是生存环境所支持的。同时，也反映出木棒作为捕食工具的局限性，在原始社会初期，简单加工的木棒无法对凶猛的野兽以致命的打击，这种原始武器的狩猎危险性大、安全性低，所以这一时代的原始人只能是以采集为主。

在原始社会中期，大约在200万年前后开始，人类的生存方式发生了重大的改变，这种改变是以从使用木棒到木矛再到投石器并与火的发明的漫长演变过程而完成的。这种改变是以采集到狩猎的的捂住方式为标志的。

从以采集为主过渡到采集与狩猎并举的捕食方式是人类一个重要的转变，同时也表明了人类进化的第二个重要的阶段。狩猎作为获取食物的一个重要手段，是以人类实践活动主要又是工具技术的进步为基础，并以火的发明实现了肉香的诱惑力为条件的。

在旧石器时代中期，首先是木矛的出现，接着是投矛器等攻击性较强的原始武器奠定了原始人狩猎工具的基础。火的发明也在这一时代开始使用。火的发现与人类在打制石器中的经验是分不开的，从而说明火的发明具有较早的历史，如中国元谋人化石地层中发现了很多炭屑，时间约在 170 万年。在非洲肯尼亚的切萨瓦尼亚也发现了 40 块被烧过的黏土小碎块，时间约在 142 万年。

依赖于工具是人类生存斗争的独特性，也是人类进化的必然。因此，从工具技术的就可以推导出原始人在不同的工具时代的生存方式以及其主要的生存活动。

不同的工具时代反映出不同的历史面貌，也就是说，有什么样的工具就有什么样的捕食方式，有什么样的捕食方式就会有相应的生存方式。所以我们可以说，工具技术的发展奠定了人演化的方向，那就是智力与社会化，而工具技术的发展史又充分反映了各个时代人类的整体面貌，从而我们可以从工具技术的变化找到人类进化的脉络。

在原始社会中期，工具的制作发生了重大的转折，这一时期出现了打制石器。在原始社会初期，人类是捡起地上的天然石块来加工木棒的，由于能加工木棒的天然石块不是处处都能捡到，这就使得人工石器得以出现，从而人类的智力出现了重大的拐点。这个拐点是由想象来突破的，这一想象不是凭空而来的，而是人类从长期不断地寻找所需石块中已形成了所需石块的映象，并在寻找的过程中不断地予以回想联想，而在打制石块的过程中必须不断地想象，也就是说，离开了想象根本就无法打制出新的石器，这很充分地说明了人类的智慧是在使用制作工具的过程中不经意地培育出来的。

人类在与动物分化的800万年到300万年前后才出现打制石器。在这约500万年期间，人类的思维中才开始出现想象，在工具的制作中才仅仅知道打制石器，可见智慧之路何等之漫长。

从打制石器到磨制石器人类又经过了200万年左右的时间。

在原始社会后期，也就是在旧石器时代晚期，磨制石器在原始人群中普遍出现并广泛使用，如各种角器、骨器再装上木框成为复合工具，使用更为方便。一种具有多功能的磨制石斧在澳大利亚阿南姆兰岛上被发现。在欧洲的马德林文化期出现了用角和骨制成的鱼叉和投矛器，反映出当时渔猎的普遍性。

从投矛器中革新过来的弓箭，更是在狩猎中发挥着重要的作用。弓箭的发明是攻击武器重大的突破，一方面给原始人带来了更大的安全感；另一方面弓箭较高的成功率改变了狩猎的不确定性，人可以远距离地射杀野兽，如北美印第安人的重弓射程居然可达500米之远。

原始社会后期，工具技术有了大踏步的提高，主要特征是磨光石器的进一步精制，各种锋利精致小巧的石器大量出现；同时，原始人还发明了在磨光石器上钻孔，制作成了使用更为方便的多种复合工具，如各种刀、斧、镰、磨、矛头、钻头等。多种复合工具的出现，反映了人类心智培育的过程已经完成，也标志着人类新的时代即将到来。

下面我们从生理方面来看人类的进化

工具技术的复杂化表明了人类思维的复杂化，这种脑功能的变化也是与人的其他生理变化相向而行的。我们可以从生物学、遗传学、比较解剖学等得到许多的猿变成人过程中生理多方面的信息。

我们的祖先猿属灵长类哺乳动物

约在 5 亿年左右，一种无头的脊椎动物在地球上出现，随着进化出现了有头类，原始有头类的脊椎动物的一支进化成鱼类，随后出现了两栖动物。约在 3 亿年前，两栖动物进化成了完全陆栖的爬行动物。约在 2 亿年左右，爬行动物就演化成了哺乳动物和鸟类。

世界上大约有 4000 多种哺乳动物，哺乳动物都有哺乳功能，用呼吸，有较好的新陈代谢，能保持恒温，都有一副骨骼，特别是颈部的肋骨愈合在颈椎上成为脊椎的一部分。

除此之外，哺乳动物还有几个重要特征：一是作为摄取食物的牙齿，各种不同的牙齿和不同的齿型具有不同的分工作用。食肉动物的犬齿特别发达。前臼齿锋利并形成裂齿，便于撕裂切割食物。而有些动物的牙齿还会发生特别的变形，如象牙和野猪的獠牙，食草动物最重要的是臼齿和门齿，排列有序的牙齿利于它们扯断咀嚼植物。二是哺乳动物的感觉器官十分发达，特别是在视觉听觉嗅觉等方面十分灵敏，这对动物的远距离活动有良好的作用。三是大脑结构趋于完善，这特别表现在灵长类动物中，如黑猩猩。

哺乳动物是进化层次最高的动物，特别是灵长类。我们的祖先猿正是在这种高度进化的基础上进一步进化，从而形成了人。

在猿进化成人的过程中，生理上发生了相应的变化。首先是四肢的变化，由于树栖生活的特点，所有树栖的哺乳动物都更多地使用了前后肢，由于前肢与大脑的紧密关系，所有更多使用了前肢的如灵长类动物的智力都好于其他动物。

与脑部一样，前肢也是较为敏感的部位。手最初是由脊椎动物生长时出现在身体侧面的衍生物，这种衍生物正是身体两侧触觉最敏感的部分，在进化中，随着身体各组织器官的逐渐形成，其衍生物就长成了前后肢，进一步，猿人由于用前肢使用木棒，从而使前肢变成了人手。

人手的中指最长，其敏感性也最高，可见触觉对于肢体的生长起到了首当其冲的作用。由于手的生成与触觉相关，所以人的手指的相对长度与灵敏度成正比；手指越细长其敏感性越高，中指是五指中最长的，是由于其接触面最广，从而显示中指是动物体两侧的衍生物的最前端最突出部分。看看黑猩猩在地上行走时踮行的样子，其中间手指皮肤粗糙，但却十分敏感。

在手的活动中，中指具有突出的地位，在劳动中、在牌局上、在杂技中、在曲艺中甚至于在表达爱意中，中指的作用也异乎寻常。

人手是在从猿到人的进化中完全形成，但由于个体在进化中特别是在使用制造工具中有不同的强度，然而手型也有所不同。

人的手不仅在使用工具中，也在树栖攀爬中进化，但手的基本生理机能是在从身体生长到衍生物、到前后肢形成而形成的。

手的基本生理机能虽然在前后肢长成时就已具备，但是它却在树栖特别是在使用制造工具中，手的结构与功能均有不同的变化。

首先，在长期打制石器中，由于是用死力击打石块，手愈用力，手就愈粗壮有力；反之亦然，在磨制石器时代，由于磨制时是用活力，手的敏感起到了重要的作用。看看手指前端的形状，再看看手纹就知道手的形成非一日之功。

其次，人的利手，即大多数人使用右手，只有5%的人使用左手，利手的形成了除了其固有的生理基础外，是在人使用制作工具中形成，所以其他在树栖的灵长类都不可能有利手习惯。

最后，由于手的活动牵引着头部的活动，这不仅对智力的形成起到作用，而且对脸部的生长也起到作用。手被称为人的第二张脸。研究表明：50%的右脸比左脸丰满，这与利手是关联的。最新一项研究表明：无名指和食指的相对长度与脸部对称有一定的关系，也就是说，恰当的手指长度与对称脸部是一致的。

人的生理变化最重要的时期是从四足爬行到两足直立，由于直立与爬行在形体上大相径庭，而人的组织器官都是在爬行动物时已长成，人要直立就必须在生理上顺应这一要求。显然，人的生理条件能够顺应这一要求，但利弊总是相行的。

脊椎的变化是最为明显不过了，从弯弯的如拱桥般的脊椎在直立时要竖立拉直是肯定不能，以致人的脊椎在直立过程中就只有成了 S 形结构。从力学来说，S 形的稳定性比不上拱形。因此，人的脊椎就更需要肌肉的帮助，由于人的脊椎是在直立时转型而来的，它不是在演化中自然形成的拱形结构，所以人总是很容易出现腰椎与颈椎之类的问题。

与脊椎一样的骨骼问题当然还有脚，由于在爬行时身体是由四肢来支撑的，而直立就只有用原来的后肢来承担了，这就增加了两只脚的负荷，显然这又是超负荷，在这种身体重心下行的情况下，骨盆会坐大，最主要的是脚关节最容易出现问题。值得注意的是，人的左右脚与手一样有很大的区别，人的左脚接触地上的面积比右脚大，说明了左脚比右脚支撑重量的作用更大，而右脚与右手一样更具攻击力，从而也证明了物质的两性。因为脚是不制作工具的。

心脏也在人的直立行走中受到考验，在直立行走之前，也就是爬行动物的心脏是向水平方向输出血液与养分，而直立行走则必然向上输出能量，这显然加大了心脏的负荷。

现在，我们从意识方面来看人的进化

人类在动物分化以后即直立行走开始在生理上的变化是重

大的，正是这些生理上的变化才使人类成为这个世界的主人。这些生理上的变化又是在人独特的生存方式的基础上得以形成的。这些生理上的变化，一方面显示出与动物的根本区别，另一方面它又是与人的意识同步进化的。

虽然社会意识来源于个体意识，但这里所说的意识并不指个体意识，这里要说的是整个群体的社会意识。人类的进化与社会的进化是相一致的，社会意识对人的进化总是有着一定的甚至是决定的意义。所以，我们必然知道意识在进化中的作用。

社会意识来源于个体意识，它是个体意识的结晶，因为它整合了个体间符合人类进化的优良意识。这种优良意识在人类的实践中受到检验，从而被群体即被社会所接受。然而这种社会意识在人的进化中就有着头等的意义。

社会意识来源于个体意识，反过来它又作用于个体的行为活动。因此，我们可以从人的生存方式知道人的行为活动。从人的行为活动就知道他们所处的社会形态与社会意识形态。

由于工具的改进是由人类祖先的生存需要所决定的，这种生存需要又决定了其意识。原始人经常手持木棒形成了人的直立行走，从而改变了人的形态，进而改变了人的生存环境，最终形成了人的最初的意识形态。

这个最初的意识形态表现为：手中持有木棒既能抵挡天敌又能捕获食物，有时候又可以作劳动工具使用，这种意识来源于实践，实践的成功又促进了这种生存意识的扩展，即工具越好力量就越大获取的食物就越多，这也就越有安全感。这种意识在原始社会中占有明显的支配地位，从原始社会中原始人对工具的不断的改进，足以证明这种意识形态的存在。

在原始社会初期形成的意识形态对于人类的进化具有决定性的意义，因为使用木棒而知道了木棒作为抵抗天敌的不可缺少，从而一步步又知道了木棒越是有杀伤力，人就越有安全感，日子就会越好过，这种意识促进了工具技术的进步，而工具的进步又进一步促进意识的进化。

由于工具的制作是个体的工作，因此个体之间必定要把各自做好的石器摆放并列或排放在一起，进行比较、比划、比照、量尺寸，看看形状，这样就知道哪一块石器做得更好，这是我做的，那是他做的，谁做得最好一比较就知道了，谁就成了这最好石器的主人。这个主人就是我，人的自我意识就出现了。

自我意识是在工具制作时数数划划、比比量量中出现的，它实际上也是科学技术最初的意识萌芽。

自我意识在劳动中产生，只有做成最好的工具才有最好的收获，也才能得到同群人的喜爱和尊敬，这样，工具的制作就会出现专业化。正是这种专业化不仅促进了自我意识的形成，而且人的智力也就会因制作工具而出现差别。

自我意识的形成显然是与其他生存意识相互联系的，但它作为人的时空意识，使人的意识圈陡然增大。一方面，人有自觉的生存观念；另一方面，自我意识又刺激了相关意识的出现，如祖先崇拜，万物有灵等就像刚出世的孩子，一下子知道了许多，如人要吃要喝要爱情要享受要自尊。

自我意识的形成对于人类的进化具有特别重要的意义，它也是人类进化的必然。它是在人类原始社会中，经历了从木棒到打制石器再到磨制石器的巨变，从而反映出人类的智慧是在使用制作工具中得以进化、得以形成。

自我意识的形成大大加快了人类进化的速度，人类对于自己的生老病死特别的关注，对自己的生命特别珍惜。他们将会作出最大的努力要使自己活得更长久更自在。这种努力肯定不会白费，大约在1万年，人类跨进了一个新时代。

2. 农业社会

农业社会是指人类从狩猎与采集的自然经济进入到以生产为主的农业经济。人类的居住也与农耕相联系，在农业社会，不仅人类的生存方式有了根本的变化，人类在生理、心理等多方面都有了根本上的变化。

农业社会时期约从公元前10000年开始到公元前600年。

农业社会是在人类随着工具技术的成熟完成了智力培育的过程，从而结束了人类的原始状态并从生存方式上有了重大改变。这种改变是一个长期的过程，这从以下几个方面可以看出：

首先，工具技术的多样化和复杂化迎来了金属工具的到来；其次，人类的居住地从天然洞穴到自己用植物和泥土搭建；再次，在长期的采集与狩猎中，人类对动植物的生长以及习性有了充分的了解，从而有了圈养和种植；最后，文化主要是语言到文字的形成。

先看工具技术

在原始社会末到农业社会，弓箭技术在狩猎活动中担当着重要的作用，它与各种狩猎工具相互的共同作用获得越来越多的肉食，如陷阱、毒素、长矛、投石器、鱼叉等。狩猎活动的技巧以及狩猎工具的进步使得人类捕获的动物更加丰富，从而捕获活小动物的机会增加。这样，圈养活动物就是很自然的事了。

另外，在采集活动中，工具的使用也更为进步，如木棒用火灼烧后更加坚硬，这对挖掘地下的块茎更加有效。这样，也会采集到更多的植物类食物。

动植物食物的增加无疑会带来剩余，这就需要储存食物的器具；随着人类不断地使用火，在制作其他用具，如用木竹或其他植物类做成容器后再用泥土涂抹就能够耐火烧。人类知道了被火烧过的泥土块块会坚硬起来。从而可以用手把泥土掐成一定的形状。然后再用火烧，就可以盛装东西和烹饪。这样，陶瓷技术就应用而生。

已知最早生产陶器的地方是日本南部在公元前 11000 年就能制造陶罐了。大约在公元前 6000 年，在西亚地区，在欧洲的希腊多瑙河中游，在中国的磁山文化大地山文化已能制作使用陶器。

石器也好，陶器也好，都不足以形成农业社会的主要生产工具，由于石器、陶器的脆弱性，石器的主要功能只能是加工工具而决不是狩猎工具。石刀、石斧虽然作为石器中的主要工具会用来剔骨割肉，但它主要还是为了加工木材的。铁器的使用改变了石器脆弱性的根本缺点，基本上取代了石器，仅剩下如石磨极个别的现今还有沿用。

从原始社会到农业社会，从木竹到泥块又到铜再到铁，人类在实践中找到了最适宜做工具的铁。

人类在冶炼铜的时候就已知道了铁。但铁的冶炼却最早发现于公元前1400多年前的位于两河流域的米坦尼王国。而欧洲的铁器是在公元前1000年初的哈尔施塔特文化才开始的。在中国，铁的冶炼与普遍使用是在春秋战国时代。

铁器的出现是人类进化的重大转折，从而标志着农业社会基本的生产条件已经成熟，无论是家用的菜刀、柴刀还是军用的马刀、刺剑，或是农耕的镰、锄、犁、耙等铁器，都进入到人类生活的各个领域，特别是用于加工木竹的刨、斧、锉、钻、锯、槌子、凿子，更是表明了人类铁器工具技术的精雕细刻。因此我们可以说，木匠是所有工匠中最早出现的；进一步说，手工业的形成首先是从木匠这个行业开始的，木竹的手工业生产与家庭生活是如此的密切，碗、桌、椅、吹火筒等家用工具给人类生活带来了极大的便利。

我们来看人类的定居

在原始社会中后期，人类已经开始在天然洞穴中居住，如聚住在山洞、树洞或岩层掩体中。

英国人类学家爱德华泰勒在研究人类的住所时说道：“欧洲的古代蒙昧人躲藏在峭壁下的隐所里，在这些地点的基地里发现的骨骼，劈开的石片以及其他的遗留物，证明了这一点，洞穴，像是野兽的现成洞穴一样，也是人的现成的洞穴。在英法这样一些国度里，洞穴是驯鹿和古象时期古代部落的住宅。南非的布须曼人是居住在山洞中的当代例子。”

定居是农业社会形成的前提，人类的生存方式如果是游走不定，农业生产显然是不可能的。正因为人类在原始社会就有了定居的习性，从而对农业生产起到了明显的促进作用，而农业生产的特点又要求人类必须定居。但定居的方式是与原始社会的天然洞穴不同，由于是自己搭建，无论是岩棚，还是竹棚，或是木棚，首先就要有一个规划；要在离农耕地不远的地方，呈长方形、四边形、圆扁形、圆锥形；遮雨蔽日，长度宽度高度，长料短料，横放直放，通风性，稳固性；无论多么简单的住宅也都会有规划，人类建筑房屋设计的起源正是从这里开始的。

住所的建筑最早是以树木为基本材料。住所的建筑从开始采用木柱与树干来做支架，这样，只要盖上不漏的野兽皮、树皮或小树枝与泥浆就行。住所的建立总是与其当地的材料有关的，当住所在平原或靠近河畔时，如果木材稀少，用石块来堆积就是另一种建筑方式；这样，泥瓦匠及其他工匠就会随着人类建筑方式的多样化逐渐出现。

在原始社会后期，人类不仅居住在天然洞穴中，而且也有自己能够搭建棚屋的，这说明了定居是产生于农业耕种之前，如著名的法国尼斯附近的德拉阿马特遗址，时间在 30 万年前，为椭圆形棚屋，长度各有 8—15 米，宽约为 4—6 米，基础部分用石块并有立柱，棚顶用树干搭载。在苏联的基辅附近的梅日里奇遗址也发现了15000年前的五间房屋，是由猛犸的长牙与肋骨搭成的人字性屋架，然后用猛犸皮盖上。

随着农业生产的需要，人类的定居意识更为强烈。然而，建造房屋就有更长远的规划，如土耳其恰塔尔休遗址占地为32公顷，墙体由土坯砌成，房屋是主要的起居间和附属房间组成，在房顶分别用大小梁排放，在梁上盖上苇草和干砖，房屋内砌有炉灶、平台和长凳。

定居是在随着人类社会化的发展而产生，它又是人类本身的生存需要，即在生物繁盛的地方或狩猎与渔猎的地方能满足人基本的食物需要。在农业社会，它是随着农业生产与圈养动物的生存需要所形成的，因此，定居是人类最重要的生存方式。

从农业社会人类的定居，可以看出人类的社会化已经完全形成，人类的进化也将随着社会的进化而进化；从农业社会的定居，也可以看出人类的心智已经完全成熟，并使自己的生存方式达到了可以安居乐业的基本状态；从农业社会的定居，还可以看出人类的进化已经到了一个生理、心理较稳定的时期，从而使得农业社会后大踏步的社会进化有了良好的基础。

再说说农业生产

农业社会的根本标志是农业生产，生产意味着人类的生存方式跨越了原始的采集与狩猎，从以食天然食物转到食用人工栽培和人工饲养为主的食物。

在人类进化史上，采集与狩猎伴随着人类经过了整个原始社会即800万年，这种漫长的生存方式是不可能说消失就消失的。在今天，我们可以看见狩猎动物与采集野菜。同样，农业生产也不是说来就来，说干就干，它与采集和狩猎一样，都有一个自然发生的过程，也正因为有一个过程，人工栽培与人工饲养必须在采集与狩猎的基础上形成；没有人类数百万年的狩猎与采集，农业生产不可能在1万年以后在全世界开始兴起，正因为这样，只有在社会化程度很低的部落还会停留在采集与狩猎的原始生存方式。

农业生产是人类进化与社会进化的共同结果。因此，自然经济发展的不平衡带来了全世界各地农业生产出现有先有后，大约在公元前8000年到公元前3000年之间。

世界上早期的农业是在西亚、东南亚与中南美洲。

西亚的约旦巴勒斯坦、黎巴嫩等地不仅是世界上最早的农业发源地，也是大麦、小麦、小扁豆等农作物的原产地。从对伊朗、伊拉克、土耳其一些遗址的考古挖掘表明，该地区在公元前8000年末已能种植水稻。

在中南美洲，墨西哥、秘鲁、玻利维亚分别是玉米、豆类、马铃薯等家用作物的原产地。

农业生产不仅是人类生存方式的根本改变，它也是人类思维中的一个重大变化；因为农业生产对于人来说是一种创造性劳动，它不是完全依赖于自然界，而是自己创造性的劳动创造出更多的生活资料。这种创造性劳动，既得益于人类在使用制造工具中培育出来的抽象思维，又得益于人类长期的狩猎与采集的实践活动。因此，农业生产活动的展开必定会促进相关行业的发展。

先说工具制造业

农业生产是在土地中撒播植物的种子或插上幼苗让它生长，从而成为人的可食之物。因此，挖土、锄草、松土就是一项首当其冲的重要工作。最初，人是用那根万能棒即掘土棒，从木棒进一步改成木锄再到铁锄最后到铁犁，正是铁器业兴起的结果，铁器工具的使用大大地提高了劳动效率，从而进一步地刺激了农业生产，农业生产又进一步促进了铁器业的发展。铁锄、铁锹、铁镰、铁镐、铁斧、铁耙统统都是铁，再装配上木柄使用起来极为方便，于是木器与铁器这样的手工业随着农业生产的发展应运而生。

再看饲养业

饲养业是农业社会的另一个标志，饲养业的兴起与农业生产有着直接的联系。饲养业是在人类的狩猎活动中，与动物长期打交道中熟悉了各类动物的习性，知道了哪些食草动物更容易驯化，如羊、兔、马、牛、鸟、鸡等。但人类最早驯养的却是狗。

在早期部落群中，很多人都是带着狗去打猎的。如大部分北美印第安人都有自己的猎犬。在伊拉克的帕勒高拉洞穴遗址，发现有公元前 1 万年家养狗的骨骼。

驯养羊的时间也比较早，在伊位克的萨威克米沙尼达遗址及附近沙尼达洞穴遗址的考古发现，在公元前9000——8500年，该地区的人已开始驯养绵羊与山羊，并且这类驯养的绵羊在骨骼形态上无多大区别，说明动物的驯养最初是由于人类在狩猎中有时猎获了较多活的动物而暂时圈养起来以备食用。

人类饲养动物不仅仅是食用，动物的皮可以做衣服或做其它遮盖物。最重要的是饲养动物的兴起与农业生产直接有关。用鹿、马、牛可以驮物，用牛来进行农耕是最普遍不过了，在社会生产力进一步发展时，还可以用它们来驾车。

毫无疑问，饲养这些力气大的动物对人类的生产劳动起到了重大的作用；一方面节省了人力，另一方面又大大地提高了劳动生产率。这就表明农业生产促进了饲养业及畜牧业的发展。

最后是食品业

农作物的丰收使得人有了剩余产品，从而有了食品加工。石磨更是人类最早的加工工具，但人类最早的食品加工要追溯到把生肉架设在烧着的木柴上面烤熟，当许许多多的动植物被烧烤蒸煮后，不仅成为熟食还增加了诱人的美味，这就刺激了人类的食欲。于是，除加工主食外，其他副食的加工也逐渐兴起，如糍粑、饼、面包等。这就表明，农业生产的发展促进了食品加工业的形成。

农业生产不仅带来了相关行业的发展，同时也带来了人类对各种知识的追求。农作物的生长总是不能离开水的，农田需要水，从而雨水、河水就成了人类常要关心的大事；因为洪灾使丰收成为泡影，旱灾又使农田颗粒无收，只有风调雨顺才能带来丰收。人类关注水，利用水，治理水，在中国就流传着古代大禹治水的故事。

苏美尔人把天象与占星术相连，在许多神庙内都有观象台。

在古巴比伦时期的文献中也记载了对流星、彗星等星变异象的观察。

古埃及人在长期的农业生产中就积累了丰富的水利气象天文知识，天文观察是由祭司来掌握，在天文观察的基础上形成了古代埃及人的历法。如把尼罗河涨水与太阳天狼星在地平线上升起同时发生的现象两次发生之间的时间定为一年 365 天。

农业生产需要水利知识，同样也需要关注气象、关注天象。人类关心天晴下雨，关心日、月、星，是因为农业生产在极低的社会生产力的情况下只有依靠自然，只有更多地了解地理、气象、天文等科学知识，才能使这些知识服务于人类，从而使得农业生产获得更好的收成。

现在，我们来说文化

农业社会的形成，除了上面说过的工具、定居、生产外，还有就是文化的进步。我们说，农业社会标志着人类的社会化完全形成，与原始社会不同的是农业社会走出了原始社会自然经济而迈进了农业经济领域，更加不同的是农业社会时，人类在多层次多方面的进化已进入一个新时期，特别是人类文化和社会意识有着跟原始社会本质上的不同。

纵观农业社会是一部人类整体运转的大机器，它的每一个机械部件甚至于其零件都是新颖而不可缺少的。文化，可以说是农业社会运转的大部件，我们不能不了解文化在人类进化中的重大作用。

文化显然是一个整体概念，它表达了社会进化人在精神方面的基本特征，如生活习性、语言文字、文学艺术、科学、哲学、信仰等等。由于精神是隶属于物质的，它是物质演化到特定阶段的产物。因此，文化不仅体现在精神方面，从而也不可避免地会表现在物质方面，随着人类的不断进化尤其如此。

我们说，文化是一个整体概念，是因为文化是意识的产物，文化是表达意识的最高方式。所有的文化，无论什么方面、什么层次都是在表达不同的意识，因此，我们可以从人类在各个时期的文化了解到人类的意识及其形态是无可置疑的。

在原始社会中，人的社会意识是在自我意识的基础上形成的，这主要是由于自我意识中有着时空观念，从而使其能够衍生其他意识，如崇拜意识、健康意识、自尊与自卑意识等；从自我意识到人类的多种意识实际上强化了自然意识，如自卫、恐惧等。

所以，我们要了解原始社会人的意识如何向农业社会的意识形态进化，而这种意识形态又如何主导着人类的行为活动。

人类在狩猎活动中与大量的动物打交道时，发现人的能力比不上很多动物，这就使得人类对那种有特别能力的动物惊奇，以至到崇拜。

在使用制作工具和捕食过程中，人类之间的能力也相差悬殊，这就会对那些特别有能力又能在狩猎时捕获最多猎物的人肃然起敬。从而，也会崇拜：

在奥秘的生命面前，人更加费解不已，有的人长命，有的人又短命，从而就希望自己长活在人间。原始社会的墓葬最能说明人类的这种自我意识，如法国的圣沙贝尔“莫斯特”拉、费拉西，巴勒斯坦的厄斯斯虎尔，乌兹别克的切舍克塔什发现了最古的墓葬，墓葬内有些小动物、小饰物以及工具和死者埋葬在一起。在法国拉沙佩勒——欧赛恩茨遗址的埋葬中，在一具尼安德特人骨骼的胸膛上置放着野牛的腿骨，周围放着很多兽骨和燧石工具。

在莫斯特遗址内埋葬着一个尼安德特人。其头部枕在一堆石片上，手边放着手斧，四周是野牛骨。

从人类早期的墓葬中，我们可以很清晰地看到人类这些行为活动是基于他们简单思维而来的，在他们的意识圈内，有着无法理解的人生众物：我是什么？我为什么活在这个世界？人为什么会得病？为什么会死？人死后又去哪里了？

在原始及农业社会中，人类怎能不会有这种迷惑？在生存需要的自卫意识中，在崇拜意识的指引下，人类只有从这种迷惑中走向神灵世界，这是自我意识的扩张一直到社会意识的必然过程。因为只有神灵才能解释一切问题，也才可以消除一切迷惑。这也可以说是人类在初级社会中的大发现，这也是人类初期简单思维的必然结果。

简单思维来源于简单的想象，这种想象出来的神灵在头脑简单的人类之初特别能通行，神灵太有用了，这就像今日之货币，它无所不在，无所不能。神灵包打天下的这种朴素的情感，初级的想象汇聚成这简单的原始思维是多么的幼稚又多么令人喜爱。

更加令人喜爱的是，自我意识能够催生自尊意识，自尊意识又会给人带来心理上的变化：求爱不成，伤了自尊，就会报复人；受人戏耍就会感到悲伤；有了自尊就会更多地注意他人，也更会注重自己情感、美感等，人的意识就会随着社会的进步愈来愈浓。

人类在注重自己就会修饰自己，这会在很多方面体现出来，如纹身、涂抹、佩戴饰品等。在原始社会末期，也就在18000年前，中国的山顶洞人已有妇女制作穿孔的石珠兽牙，然后用植物纤维串联起来佩带。

表现自己是人类的自我意识在社会进化中的必然结果。这种表现发生在人类社会活动的诸多方面：在追逐爱情时，会表现自己的能力，或食物或声音或语言；在生活中，遇到高兴的事就会哼哼，或手动或脚动，遇到痛苦的事就会发出断断续续的哭泣声；正如原始的乐器喇叭，总是在喜庆日吹着明快而悠扬的音调，在悲痛日总是吹着凄凉而低沉的曲子。

人类需要有表达自己情感的方式，这种情感正是人类意识不断进化，从而需要寻找新的表达方式。音乐、舞蹈、诗歌就是在人类意识的进化中形成的。因而，这些文学艺术是人类情感表达的产物，也是表达意识的较高级形式。

同样，语言文字也是表达人类意识的高级方式。在意识一节中我们说过：动作是人类表达意识的最初的方式。随着动物的进化，动物增加了用声音来表达意识的更高一级的方式。人类正是在这两种表达意识的基本方式的基础上形成了语言文字。也就是说，用动物来表达意识促进了文字的形成，用声音来表达意识促进了语言的形成，声音与动作正是沿着语言文字这两个方向进化成人类表达意识的高级形式，语言文学也就成了表达意识的两个方面。因而，它们又是统一的两个方面。

语言是意识的表现方式，它是在人类用声音来表达意识的基础上形成的，它也是人类进化与社会进化的共同结果：与动物分化以后。人在其使用制造工具的过程中，意识圈不断地扩大，从动物的直觉思维进化到复杂思维；在社会生活中，实践活动不断增多，交流显得越来越重要，这种生存需要与人类生理上的变化促成了语言的发生。语言的发生经过了从简单具体的称呼如马、牛、羊等，到抽象概念如动物。说明了语言的发生，经过了从简单具体的称呼如马、牛、羊等，到抽象概念如动物，说明了语言的形成与意识的进化是紧紧相连的。

历史传说与神话是口头语言发展的最早形式，它反映出人类早期的社会意识形态。历史传说是以血缘为主的氏族部落关于其部落来源及先祖的传奇故事。在民间口头传播中，经传播都不断地加工神化并经文人搜集加工形成了完整的神话故事。

在中国最早的文献《诗经》和《尚书》以及《易经》中，就记述了不少传说，如说商与周两族都是由天帝所生，共住在天神禹的土地上；夏和周是西方承继的部族，商是东方的部族，这类神话故事随着文字的形成，经文人记载成文字形式就成了最早的文学作品。

关于语言，我们将在最后一章专题讨论

用图来画出人要表达的意识是文字形成的第一步，比如用圆表示太阳。图是画出来的，是用人的手握住东西在地上、在石壁上画，这就要追溯到人类最初使用木棒树枝时在地上画出某一动物或物体。从用肢体动作来表达意识到用手握东西画图来表达意识，表明了动作表达意识的进化。它也是图画文字到象形文字的开始。象形文字进一步就发展为表意文字，象形转化为符号既表意又表读音，最后文字就形成了。

大约在公元前3500年，苏美尔人发明了图画文字，它是人类发现较早的文字。文字基本上是象形的，一符一义，随着表达较复杂的意义，苏美尔人把两个或三个象形字结合起来构成了合体字，也包括会意字、形声字以及指事字等。由于这种文字像楔子，就被称为楔形文字了。

古埃及人的象形文字也是由图画文字演变而来的。不过这种文字是由三部分组成：表意符号、表音符号、部首符号。

中国商时期的甲骨文是我国已发现最早的体系较完整的文字。商时期，甲骨文是刻在龟甲或其他兽骨上面用来占卜与记事的文字。从功能结构上看，甲骨文具有象形指事会意形声假借等，不仅有名词、数词、动词，还有代名词、形容词等。

从以上的叙述中我们可以看出，人类在农业社会时各方面的进化都得到体现。从而，农业社会的形成标志着人类的进化已经到了一个成熟的阶段，从公元前600年后，人类社会进化的步伐越来越快，很快我们就要讲到城市社会了。

梦的奥秘（中）

梦是人类本身最神秘的现象，从人有了自我意识之后它就一直困扰着我们，即使在科学昌盛的今天，人类也还不明白，人为什么会做梦？因为科学实验目前还未能揭示人做梦的机制，从而就不能解释出人为什么会做梦？

要知道人为什么会做梦，就一定要知道做梦的生理机制。

我们说过，梦是思维的产物，它是动物进化到有思维能力的结果，所以低等动物就不会做梦。因此，要了解人与动物为什么会做梦，就要了解思维是怎么来的，因为没有思维就没有梦。

但是，梦却是复杂的，是杂乱无章的，因而要知道人与动物为什么会做梦，为什么梦是复杂的，又要知道物质所具有的属性，即自动。正是神经细胞的自动，使得人在非睡眠下的思维能在睡眠中自动延续，正是在人无意识的控制下神经细胞会自动地回想、联想甚至于想象等思维活动。从而才有了梦的千奇百怪，才会觉得梦神乎其神。

所以，要知道人为什么会做梦？梦为什么会千奇百怪？就一定要了解睡眠，也就是要了解睡眠的机制，因为梦是在睡眠中发生的。

由此可见，要知道为什么会做梦，梦为什么千奇百怪？决不是一件容易的事。正因为梦的机理复杂，才使得人类对梦大惑不解，才使得我们的研究繁文缛节。下面先了解梦与睡眠的关系。

我们在《人与动物为什么都要睡眠》一文中已作了部分介绍。

梦是人与动物在睡眠状态下发生的，要剖析梦，首先就要知道睡眠。睡眠是人与动物不可缺少的生命活动，没有任何人与动物可以不睡眠，区别在于：不同的人、不同的动物睡眠的时间不同，睡眠的方式不同。因此，睡眠是人与动物的生活节律，从而是有规律的。即低等动物只有无梦睡眠即慢波睡眠，人与高等动物既有慢波睡眠又有快眼动睡眠，并且只有快眼动睡眠才有梦。慢波睡眠从动物产生时就有了，这是因为最初的动物只有反应意识，因为有反应意识就有了反射性记忆，正是反射性记忆使得所有的动物都有睡眠，从而知道什么时候该睡，什么时候该醒。而快眼动睡眠主要发生在哺乳动物，因此，快眼动睡眠是动物进化的产物，它一定是在动物进化到一定的层次上才会有的。这就是在眼睛与脑的形成之后。研究表明，快眼动睡眠后于慢波睡眠出现，它出现的时间正好是哺乳动物从卵生进化为胎生时期。

在动物的眼睛与脑还没有形成时，动物就只有慢波睡眠，在慢波睡眠中是不会做梦的。新生婴儿最初几天也是不会做梦的，这是因为新生婴儿大脑皮层的发育还没有完成，他的视觉和脑神经就不能建立起印象，因而在他的睡眠中就不可能产生梦。

没有印象就没有形象记忆，也就没有梦。

科学家在对猴子的实验中很清楚地表明了图像的重要性。他们在一只猴子面前安放了一个屏幕，在屏幕上不断地出现一个同样的画面，每一次在屏幕上出现这个画面时，就要猴子去推动旁边的一个杠杆，如果猴子不推的话，就用电棒击打它，经过一段时间后，让这只猴子再去看这个画面，它只要一看见画面，立即自己就会去推那个杠杆。科学家通过这只猴子的睡眠发现，在梦中，这只猴子一样地也会去推那杠杆，这说明，这只猴子在观看画面时已经形成了形象记忆，所以在这只猴子的梦中就会出现这个画面，从而在无意识的睡眠中也会去推杠杆。麻省理工学院的神经学家马修·威尔逊在用老鼠做实验时，也很清楚地表明形象记忆是动物做梦的机理。他让老鼠先在迷宫里乱跑，同时记录老鼠这时的脑电波，在老鼠睡着后，研究人员发现：这时老鼠大脑里负责记忆的“海马体”的活动情况跟在迷宫里跑的时候一样，这表明，是记忆在睡眠中起作用。威尔逊的研究也进一步表明，形象是梦的依据。没有形象就没有动物的快眼动睡眠。在实验中，老鼠大脑皮层的视觉区域显示出跟在迷宫里的同样反应，也就是说，老鼠梦见的就是睡觉前在迷宫里的场景。场景就是形象，就是视觉所带来的印象从而在记忆中重现。

正因为睡眠是记忆的功能，很多的研究者才会认为，睡眠及做梦有助于记忆和学习。

1983 年弗朗西斯·克里克和格莱姆·米奇逊提出了他们的"逆向学习"的梦理论。他们认为，做梦是为了忘记。大脑由于不断产生信息点的连接和经验的累积与修改而发生成长，做梦不过是大脑在扫除那些多余信息的过程，这一过程是在快眼动睡眠中发生，这种活跃的过程正是一种反向的学习，或叫做"逆向学习"或"反记忆"。

洛克菲勒大学的乔纳森·温森的研究着眼于快眼动睡眠与记忆的关系，不过他把梦看得十分重要，他认为动物在白天的活动在快眼动睡眠中把信息储存在记忆中，在快眼动睡眠中这些信息对于动物的生存至关重要，这类信息可以构成潜意识的核心。

哈佛大学医学院的研究人员的实验表明，受试人员睡了一觉后，能够比那些没有睡一觉的受试人员更能记住在之前看过的词组。

为什么很多的研究人员对梦会作出学习和记忆的解释呢？就是因为在实验中可以观测到大脑记忆区域在做梦时的活动从而认为，做梦是强化学习和记忆，学习和记忆都是思维，正是大脑在快眼动睡眠中延续白天的思维，即脑的记忆区域自动播放就能够增强某些记忆。但是，梦不是为了学习和记忆而生，正好相反，是记忆带来了梦，从而又反过来起到了学习和记忆的作用。

做梦的机理异常复杂，它才会有异常的表现。正因为梦的机理异常复杂，也才会对梦有各式各样的解释，有的人认为做梦是生理的需要，是因为做梦能够消除疲劳积蓄能量；有的人认为睡眠是生物时钟，因为它是生存中不可缺少的一部分，即捕食、进食、排泄、睡眠等；还有的人认为做梦是进化，因为要防备食肉动物避免危害，所以睡眠时就会时睡时惊，就有了梦。

在睡眠中，做梦可以观测到的，在不做梦的慢波睡眠过渡到做梦的快眼动睡眠时，心跳稍快，血压上升，这表明做梦时需要更多的能量，最明显的是眼球会快速转动，同时脑电图上出现快波，因此研究人员可以从有无快速眼动和脑电图快波来确定是否在做梦。

因为哺乳动物进化的层次最高，所以几乎所有的哺乳动物都有快眼动睡眠，因而都会做梦，同时哺乳动物的视力也就最好。猫、马、牛、狗、老虎之类通通都有快眼动睡眠，也都会做梦，老鼠更是如此。

研究表明，大鼠的快眼动睡眠占总睡眠的 10% －20%，如果让大鼠不要有快眼动睡眠，只给它慢波睡眠的话，一个月后它就要死去，如果让大鼠的慢波睡眠也去掉的话，半个月后它就要死去。可见，快眼动睡眠即做梦与慢波睡眠一样是不可缺少的。睡眠必不可少，做梦也必不可少，但是做梦并不是与睡眠一并而来的，它远远地后于睡眠的出现，很明显，做梦是动物进化而来的。

那么，做梦为什么一定要与睡眠相伴呢？因为睡眠是无意识的，做梦也是无意识的，因此我们就要了解睡眠的机制。

我们已经说过，睡眠是生物演化与动物进化的产物，所以动物就必须反映自然法则，自然法则最重要的就是反应，慢波睡眠反映出演化，从而它是所有动物所具有的反射性记忆。

反射性记忆有两个重要的特点：

一是反射性记忆是在外部环境多次的刺激中产生的，由于它是条件反射的产物，因而它不需要思维就能作出选择。正因为是已经反射过的记忆形成的生活节律，它就不需要外部刺激就能够到时间自己睡、自己醒。二是反射性记忆是在动物无大脑并无视觉下就有的，因此反射性记忆存于身体的各个部分，各个器官之中，正因为反射性记忆在身体的各个部分，它不经过脑神经思考就能自己睡、自己醒，所以慢波睡眠是由生物钟的反射性记忆来工作完成的。

而快眼动睡眠则不同，快眼动睡眠是在高等动物有了视觉和有了脑结构才出现的，由于视神经元与脑神经元直接相连，使得视觉形象给脑神经带来了印记，从而形成了印象，正是印象使得动物在生存活动中就有了回想，并进一步在食欲和性欲中有了联想。正是回想与联想使得高等动物有了思维，正是思维使得高等动物在睡眠中由于神经细胞的自动而有了梦。因此，快眼动睡眠是由生物钟的形象记忆来工作完成的。

慢波睡眠来源于反射性记忆，快眼动睡眠来源于形象记忆，这是睡眠的机制，同时形象记忆又是做梦的机制，所以，形象记忆就成了梦的三大奥秘之一。

反射性记忆是生物演化为动物时形成的，它主要表现为：反应意识、新陈代谢、动物的迁徙、食欲和性欲、日节律中的睡眠、季节律中的冬眠等反射活动。所有的动物都是生物演化而来的，因而所有的动物都遵从着自然演化的法则，从而所有的动物都要睡眠，即都有慢波睡眠。

形象记忆是动物进化时形成的，它表现为：视觉所带来的印象在大脑中留下了印记。因此，眼睛的进化一方面要能够形成图像；另一方面要与脑同时作用使脑有印记，视觉和脑的共同作用才能形成形象记忆，从而也才能由脑自动播放图像，所以没有图像就没有梦，不是大脑想做梦就做梦，梦必须要有载体，这个载体就是图像。

鸟的个头很小，它比许多爬行动物都小，但是鸟一样地有快眼动睡眠。鸟为什么也做梦，那是因为鸟的眼睛进化得很好，它的视觉一点也不比哺乳动物差。你看看好多鸟的眼睛在其头部的比例都很大，就知道视力对鸟的生存多么重要。

视觉与梦的关系是显而易见的。但并不是所有有眼睛的动物都有快眼动睡眠，很多低等动物就有眼睛。青蛙的眼睛就不小，并且青蛙的眼睛能够帮助它捕获到在飞翔中的小虫，但是实验表明，青蛙在睡着时只有慢波睡眠而没有快眼动睡眠，这就是说，青蛙有很好的视力却不会做梦。这是什么原因呢?

青蛙的眼睛对于它的捕食确实起到了很重要的作用，它不仅能够捕获到在飞的小虫，并且它的眼睛还能帮助它进食。青蛙没有牙齿，它进食时只能是吞咽，而为了使食物下咽，青蛙只有拼命地眨眼，因为，青蛙的眼眶底部没有骨头，眼球如圆球，只与嘴巴隔一层薄膜，所以当青蛙眨动眼睛时，眼球就会对嘴部产生压力而使食物下咽。另外，看起来青蛙的眼睛进化得很好，但这只是个假像，因为青蛙的眼睛是由一种突出的透明水晶体构成，这种眼睛的构造是由于青蛙在长期的捕食过程中形成的，它老是只看飞虫而不看不动的小虫，所以青蛙只能看见飞虫，而看不见不动的昆虫，它的视力反而受到了极大的限制。还有，青蛙是两栖冷血动物，一到寒冷季节，温度低的时候，它就不能适应环境，因此它必须冬眠，冬眠期间，青蛙的新陈代谢几乎为零，没有捕食、进食，血循环也暂停，因此青蛙的生存活动主要是靠反射性记忆来完成的，所以青蛙就没有思维，从而就不会有快眼动睡眠，也就是不会做梦。

同样，作为哺乳动物的食蚁兽也是这样，绝大多数哺乳动物都有快眼动睡眠，但食蚁兽却不会做梦，因为它没有快眼动睡眠。这是为什么呢？

我们知道，哺乳动物的大脑比其他动物进化得要好，但实验表明，偏偏食蚁兽就没有快眼动睡眠。

哺乳动物进化的层次更高是因为它们在进化中为了适应环境而发展出良好的视觉、味觉、听觉、嗅觉及触觉，从而不同的环境不同的捕食方式就会进化出不同的感官系统，由于不同的感官要适应不同的捕食方式，有的哺乳动物视觉就会进化得更好，有的嗅觉就会进化得更好，还有的触觉就会进化得更好，进化好的感官就会成为哺乳动物捕食的主要手段，从而其他感官就会成为从属的、次要的，有的感官还会退化。如鼹鼠就是这样。鼹鼠长期地在地下活动，为的是寻找地下洞穴里的蠕虫，要找到地下的蠕虫就不仅需要看而更重要的是嗅，这样鼹鼠的视力进化就没有嗅觉进化得那么好。

动物的捕食方式决定其感官功能的进化。食蚁兽的食物单一，食蚁兽专门吃蚁，因此它的捕食方式很单调，它没有多的选择，也就没有很多的思考，食蚁兽的头细而长，但在头上的五官都很小，嘴就最奇特，嘴虽小但却能伸出一根 50 多厘米长的舌头，这也是食蚁兽长期捕食所造成的。由于食蚁兽的生存活动主要是依靠嗅觉而不是视觉，从而它主要是靠直觉来捕食。它的直觉所依靠的就是嗅觉，所以食蚁兽视力的进化不能使其视觉对象都成像。

最重要的是，视觉要能够聚光成像，而且视神经元要能与其脑皮层连接，从而让图像传导给大脑皮层，这才能形成印记。没有形象记忆就做不了梦，也就没有快眼动睡眠。

但慢波睡眠和快波睡眠都有一个相同的地方，这就是无意识。那么，为什么在睡眠中会出现梦境？为什么在梦境中还会出现梦游呢？

因此，我们需要进一步了解物质的自动，即梦的第二个奥秘。

我们在《规律》一文中说过，物质本身所具有的两性（即吸性和抗性）使得物质本身就能自旋（即自动）。正因为所有的物质都有自动的天性，人体的神经细胞也一样会自动。这种自动就表现在多方面，即使在白天，你也会在想一件事的时候无意识地想另外的事，这时候神经细胞并没有按你所想的去想，甚至于有时还会胡思乱想。但这不要紧，因为这是在人清醒状态下的神经细胞的自动，因而你就可以控制它。而在睡眠状态下人是不清醒的，从而就无法控制神经细胞的自动。不仅是梦不能控制，就连梦游也一样不能控制。

实验表明：做梦与梦游时与外部环境并没有很大的联系，

但梦却会延续已经过去了的经历或思维。当受试人员正在做梦时，研究人员用冷水浇注他们然后又用强光刺激，还播放音乐给他们听，但是这些受试人员醒来后，几乎没有梦，没有音乐，也没有强光，只有42%的梦有水的影子。但如果让受试人员不喝水又不吃饭，在这种饥渴的情况下去睡眠，在梦里就会出现吃东西、喝水的情节。

神经细胞的自动使得梦千奇百怪，从快眼动睡眠时的脑电波杂乱而没有规律就可以看出，因而就会出现形形色色的梦。例如，科学家对梦预示疾病也作了不少的研究，特别是在心脏病方面。因为人在做梦时本身血压就在升高，这时候的心脏如果有病变的话也容易暴露出来。研究人员发现，如果在梦中自己在逃奔甚至于怎么都逃不出追的人，最后就会感到呼吸不畅，想喊也喊不出话来。在睡眠中，人处于无意识状态，神经细胞的自动”想”就不受控制，因而神经细胞就会胡里胡涂，胡思乱想，就会出现各种稀奇古怪的梦，而这些梦并没有很多的意义，它也根本没有什么规律可言，因为这些梦是由神经细胞的自动性作出的。并且是已经历和已“想”过的。因此，它也不过是放大或随意想出来的。

由此可见，梦的出现有时是与经历分不开的，这种自动重现经历和思维的梦是由记忆来完成的。因此我们必须了解做梦的机制是什么？

梦一定有它的机制，只有了解了做梦的机制，我们才能知道为什么会做梦。

梦为什么会千奇百怪？我们已经知道，是因为神经细胞的自动而不受控制。而做梦的机制就是记忆。对动物来说，就是形象记忆；对人类来说，既有形象记忆又有抽象记忆。不同的记忆就会有不同的梦。而低等动物为什么不会做梦，也是记忆，因为低等动物只有反射性记忆，因而不能建立起做梦所需要的印象，从而没有形象思维，也就没有形象记忆，没有形象记忆的动物通通都没有梦，神经细胞的自动是梦的第二个奥秘，也是人最难理解的，所以很多人都不能理解为什么会做梦。在睡眠中还会出现梦游症，梦游在现实生活中虽然是少数，但从古到今都有梦游发生，这说明了梦游不是一个偶然现象。那么，为什么会有梦游症呢？

所有的睡眠都是记忆的功能，梦的发生是形象记忆。那么，梦游是不是记忆呢？

我们可以先看梦游症的一些表现。梦游症有三个共同的特征：第一，梦游者的行为各有不同，有的去人家串串门，有的去干活，还有的甚至专门去跟人说几句话就返回床上了，也就是说，无论梦游者的游动如何，他们一定会记得回到他们的床上。第二，梦游者在游动似乎思路清晰，一点儿都不会乱动，他们很知道哪里有危险。第三，如果梦游症在睡觉前要控制自己不要梦游，就会采取一些强制措施，如把自己捆在床上或者在自己身上套上铃铛，只要自己一梦游就会惊醒自己和家人。然而，这些强迫手段都会被梦游症化解，梦游照常进行。

看起来这三个特征很难思议，可是这三个特征又有一个共同的地方，记忆，他们能够记住，去哪里并都要回到自己的床上。睡觉，他们能够记住，游动的路线不会出差错，他们能够记住怎样才能解除对自己羁绊的方法。毫无疑问，梦游一样是记忆，不同的是梦游是形象记忆加反射性记忆。

我们一定要深入地了解反射性记忆，不知道反射性记忆，永远都在梦呓之中。

反射性记忆形成于生物演化为动物时期，因此它是所有动物的生存本能，也是人类最基础的反应能力。高等动物不仅有反射性记忆而且有形象记忆，人类不仅有反射性记忆和形象记忆，还有抽象记忆。

所有记忆的机制都是反应，因此对大脑结构来说，根本就不存在什么短时记忆和长期记忆，短期记忆、长期记忆以及其他什么记忆都是我们对记忆无法了解把握的产物。对于人与动物来说，反应得多了记忆就更深刻，从而就会记得更长的时间；反应少了，记得的时间就会更短。反射性记忆是低等动物生存的本能，它储存在动物的生物钟及身体的各个部分，没有这种反射性记忆动物根本就无法生存下去，正是有反射性记忆，不需要任何其他动物提醒，也不需要思考，所有的动物特别是低等动物能够很清楚地记住它们迁徙的路线，很清楚地记得哪些是敌对，哪些是亲友，那些是食物以及怎样捕食等等。

正因为反射性记忆形成于眼睛与大脑之前，它们就能够依靠触觉、嗅觉、味觉及听觉来生存而有了生活的节律，从而一代又一代地传下去。

反射性记忆是反应意识的核心，因此要了解反射性记忆又要了解意识的进化（见《惊人的发现》第一辑）。

不要怕麻烦，梦就是麻烦。

意识的起源也是与记忆紧紧相连的，意识是生物钟效能的产物，而生物钟最重要的就是记忆，没有反应就没有记忆，没有记忆就没有意识。

从生物演化为动物就是因为意识，所以反应意识是动物形成的首要条件，没有反应意识就不会有动物。任何动物都有反应意识，从而任何动物都有反射性记忆，这也是所有动物能生存的基本条件。

反射性记忆形成于动物器官未完全形成之前，因此动物在生存活动中只能用肢体动作来表达，无论它们是捕食也好，进食也好，交配也好，它们都是用肢体动作来表达来完成的。当动物器官进化到能用声音来表达它们的意愿，也就是能用声音来表达意识的时候，它们就能够在捕食中、在交配中用声音来交流。所以，你可以看到大多数的动物能够用声音来表达其意识，也有少数是用嗅觉来表达的。但这种主要用嗅觉来生存的动物，其进化却受到了极大的限制，所以你所看到的高等动物都能用声音来表达意识。人类是进化最好的动物，因而人类能够从声音进化到用语言来表达意识。

这样，我们就知道了意识进化有三个层次。反应意识是所有动物最初的意识，反应意识用肢体表达意识，动作即意识。意识的第二个层次是自然意识，它是动物在自然生存中进化而来的，自然意识是既用动作又用声音来表达意识的，声音即意识。意识进化的第三个层次是人的意识，人类既用动作又用声音还用语言来表达意识，语言即意识。那么，这三个不同层次的意识与记忆又有什么关系呢？不同层次的意识就有不同的记忆，正因为有不同的记忆意识才能够进化到三个不同的层次。反应意识是反射性记忆，自然意识是形象记忆，人的意识即社会意识，是抽象记忆。不同的动物有不同的记忆，不同的记忆反映出不同动物的进化层次。因为所有的动物都必须按照它们本身的记忆来生存，没有记忆动物无法生存。

记忆支配生存。可见，记忆多么重要。

反射性记忆是最基础的记忆，只有在反射性记忆的基础上才能进化到形象记忆。人的抽象记忆也只有在反射性记忆与形象记忆的基础上才能得以形成。

记忆支配生存，是因为人与动物都不能失忆。有的人所谓的失忆不过是失去了部分记忆，或者是失去了形象记忆或者是抽象记忆，绝不可能全部失去反射性记忆，因为反射性记忆是生存的本能，失去本能就无所谓生存。不仅反射性记忆是动物生存的本能，而且反射性记忆不但在大脑之中，它也在身体的各个部分，每一个部分都有反射，在皮层、在脊椎、在各个器官之中，然而反射性记忆不可能全部失去，它最多失去一部分。因此，任何人与动物都不可能三种记忆都失去。

而正是这多种记忆让人有了梦游症。为什么呢？

我们看人的反射性记忆。每一个学习驾驶的人都有这样的过程：一开始学开车，会用大脑想好怎么踩油门、怎么踩离合器，先想再动作。但经过一段的时间学习，动作协调了，也熟练了，开得多了，你的驾驶动作就不需要再思考就能手脚自如的踩呀、刹呀。如果不能自如的驾车，如果驾车的动作还要再经过大脑的指挥，那么，在紧急情况下时间就来不及了。谢天谢地，我们有反射性记忆，它让我们不要经过大脑就会自动地踩油门、踩离合器。

反射性记忆是反应意识的核心内容。反射性记忆是人与动物生存的本能，它也是人与动物最基础的生存活动。然而，这种无意识的行为占去了我们生活中的大部分时间，我们每天的行为动作大多数是在无意识的状态下进行的，开车的动作是如此，去上班、走回家都是无意识的动作，你自己以及他人都不需要告诉你的运动神经该如何走。

所有的运动员都是要靠这种无意识的动作才能有好成绩，无论是体操滑冰还是足球乒乓球统统都要靠直觉、靠反应能力形成记忆。这种反射性记忆就是不要再经过意识，不要再思维，一句话，不要经过大脑动作就能协调。

要弄清梦，就一定要弄清无意识，一定要弄清反射性记忆，否则，我们永远都弄不清梦是怎么回事。意识的表现有两个方面：一是有意识，二是无意识。无意识行为不是没有意识而是行为本身就有意识，它是已经意识过了的并经反射性记忆固定在动作里。

梦及梦游正是在大脑睡着了在这种无意识中的行为。在白天，在大脑思维中都会有无意识的行位动作，在大脑休息时，难道不是一样会有无意识的行为动作吗？

因为无意识行为动作本身就与大脑无关，它不受大脑的指挥照样自动，如同我们的消化系统。

为什么我们的动作可以不经大脑的指挥而自动呢？

原来，运动神经比大脑中枢神经更早就出世了，动物还没有大脑的时候就已经有了肢体动作，也就是说，运动神经在一定的条件下它可以自主活动。运动神经可以不在大脑神经的干扰下自动，运动神经也可以在无意识的情况下自动，而睡眠正是在无意识的状态下发生，在不受大脑中枢神经控制下的运动神经的自动。它使梦游者能够完成它熟悉的动作并很安然回到自己的床上。

苏格兰爱丁堡城郊区的一个农场主有一头牛病倒了，农场主异常着急，因为他抽不出时间去城里请兽医。可是，到了第二天，兽医自己找上门来了，农场主甚为惊讶，通过交谈，兽医和农场主才明白，农场主是在昨晚梦游到了兽医的家，并且农场主还与开门的人说过话，告诉开门的人，他是来请兽医治农场主家的病牛的，并告知了其家中的地址。

这个梦游事例充分展示了记忆的魅力。

梦首先是形象思维的产物，也正是有形象记忆，才使得视觉良好的高等动物有了梦。梦游是在形象记忆的状态下进行的，但是这个农场主却在梦中动身去了兽医的家中，他的行走及动作都是在梦中，也就是说，是在无意识的状态下进行的，动作即意识，动作不是没有意识，而是意识已经赋于动作，是原来经过意识的，由于是反射性记忆，它就再也不需要重新意识就能行动。所以，农场主的动作行为会准确无误的去了兽医家后返回自己的床上。这个梦游既有形象记忆又有反射性记忆才能使农场主来去自如，这个游动也恰好是动物在没有进化到大脑控制下的自动。这个自动，也是反射性记忆在无意识下的表现。但是这个农场主的梦游却与一般的梦游不同，大多数的梦游在游动时是不会说话，也不会回答问题，最多是在嘴中嘟哝的自言自语，可是这个农场主却与开门的人说清他的来意以及他家的地址，可见形象记忆和反射性记忆不可能让他如此的说明白话。这个农场主的梦游怪就怪在这里。

记忆支配着我们的生存，同样它也支配着我们生存中的梦。而我们人类还有一种独特的记忆，那就是抽象记忆，抽象记忆是用语言来表达，唯有抽象记忆才能使得农场主在梦游中说话。所以，这个农场主的梦游反映出记忆无穷的魅力，这也是梦最神秘的地方。

现在我们可以归纳一下做梦所需要的条件，即梦的机制。

1. 动物眼睛的进化使其视觉能够在视网膜中聚光成像。2. 视神经元与脑皮层直接相连，使得大脑有印记。3. 动物生存活动的信息主要来自于视觉，而不是其他感觉系统。4. 视觉与大脑共同作用才能使动物的记忆功能自动播放已有的印象，从而就有了回想和联想的形象思维。

我们论说了记忆与自动，接下来我们再来了解梦与思维的关系，即梦的第三个奥秘：思维。

现在我们再来看看弗洛伊德的解梦（摘自《弗洛伊德的智慧》，刘烨编译）。

如果你问我："梦里出现的那些情境究竟是怎样来的?"我会立即以我的经验作出回答："它们源自于这个梦前一天所经历过的事。"因此，我在对一个梦进行解析时，会先问做梦者在做这个梦的前一天所发生的事情，然后尝试着找出这件事与这个梦的联系，对大多数梦例而言，这的确是一条捷径，在前面根据我详细分析的伊玛和我叔叔这两个事例，我们就可以发现它们都与前一天所发生的事紧密联系。但为了进一步证明这个结论的正确性，我将把我的一些梦的笔记呈现给读者，以下就是我记录的一些梦以及它们各自的来源。

一、我去拜访一位非常讨厌我的朋友……同时却让一位女士苦等着我。

来源：前一天晚上，我曾和一位女亲戚在一起，并且她对我说，一定要等到那笔急需的钱汇到她的账户，就算……

二、我写完了一本关于某种植物的专著。

来源：那天早晨，我在书店橱柜里看到一本樱草属植物学方面的专著。

三、我在街上看到两个女人，她们是母女，女儿是我的病人。

来源：前一天晚上，一位正在接受我治疗的女病人对我说，她妈妈反对她继续在我这儿治疗。

四、我在书店订购了一份杂志，这个杂志的订价是 20 个佛罗林。

来源：前一天，我妻子向我索要每周都要给它的 20 个佛罗林。

五、我收到一封来自社会民主委员会的信，信里称我为会员。

来源：我几乎收到自由选举委员会和人权同盟委员会的来信，而我的确加入了后者，成为了会员。

六、有个男人沿着海边的峭壁走了过来，就像伯林克一样轻松自如。

来源：《妖岛上的德利佛斯》这本书，以及我住在美国的几个亲戚对我讲述的事情。

说到这里，你也许会问这样的问题："这些与梦相关的接触点，究竟是梦前一天的发生的事情，还是可以追溯到一段时间内的印象呢？"这个问题当然不是至关重要的，但我仍想对当天发生的事与梦之间的关系进行一番解释。每次只要我发现我的梦的来源是两三天前发生的事，我就会细心地加以分析。结果是我发现，尽管这些梦源于我两三天前发生的事，但在做这些梦的前一天我曾对这些事进行了回忆，也就是说，我的回忆促成了梦的形成，最近所发生的一些事，确实勾起了我对往日的回忆，以至重现在梦中。

我确信所有的梦都源于"入睡前的一些所作所为"。那些许久以前发生的事，其实与最近几天里所发生的事一样，都会成为梦的内容，如果很早以前发生过的事给人留下的印象与做梦当天的某些经历有关联的话，那么，梦的内容就会是人们一生任何时段内所发生过的事情。

细心的读者会发现，前面众多的事例，其梦的显意只是涉及了一些无关紧要的琐碎印象，这一点可以说明梦的内容有很大一部分平日里那些微不足道的琐事，但经过细心地解析以后，我们会发现梦的隐意却是那些关键性的重大事件，如果我们的解析工作是按照正确的方法进行的，而且能够揭示梦的真正含义，那我们就会得到一个意外的结论，这个结论表明，"梦的内容是前一天发生的琐碎小事"是不可靠的，而我也必须反对“清醒状态下的活动不会在梦里得到延续”的观点，另外“梦使我们的精神能量浪费在琐碎的小事上”的说法也是荒谬的。相比之下，正确的观点是，日间所发生的那些重大事件是我们所做梦的根源，这些事之所以会在我们梦中出现，只是因为在入睡前，它们让我为梦费尽了心思。

但是，为什么我梦到的都是一些无关紧要的琐碎小事，而使我异常激动的重要印象却隐匿起来不易被察觉呢？我认为最好的方法就是，利用我在“梦的改装”现象里提到的有关心理作用的“审查作用”来进行解释。以那个“没有吃成晚餐”的梦为例，我们可以很容易看出其中的关系，我的那个女病人的朋友喜欢吃熏鲑鱼，然而从她朋友的人格在她本人的内心形成的反映可以发现她们之间的关系，而这些关系又使这两个“意念的内容”融汇在一起。因此我们可以说：“第一个事件实际上就是在暗喻第二个事件。”

直到现在，我已对众多的梦进行了分析，因此我或多或少有了一些经验，我深信通过这种解析得到的结论是可信的。在对梦进行解析的过程中，我们发现梦的形成过程产生了一种“移植现象”如果用心理学术语来说，就是一个比较弱小的现象必须在一种强大的观念里摄取一些内容（能量）当达到一定的强度时，它就会强行出现在人的意识中，这种移植现象在我们日常生活中普遍存在。

事实上，梦的这种“琐事原则”（梦的内容通常是一些琐碎之事），正是经过了“移植作用”后产生的一种“梦的改装”现象，如前所说，梦的改装是由于存在一种被压抑的愿望，从而将梦改装成了与它的隐意完全相反的现象。

通过梦的解析，我们最终可以知道那些表示了梦的隐意的来源到底与人们日常生活中哪些经历有关，同时这种来源的印象又是怎样移植到那些似乎无关紧要的的印象上来的。这种印象与梦在潜意识里的真正根源，在刚开始的时候，它们之间通常并没有任何关联，它是在事后逐步形成、扩大起来的，就像我刚才提到的“移植作用”，它使梦朝着特定的转移方向发展或改变。其实，我们也可以设想，如果这种“琐碎之印象”不具备某些特性，梦的运作方式对我们来说就真的是如烟似雾，难以琢磨了。

或许以下的经验之谈可以给我们一些启示，如果同一天里发生了两件或更多为我们重视的事，那么我们所做的梦就会把这些不同的事情进行整合，似乎存在着强制力量，把不同事件和印象进行合并与归结。下面我举一个梦例。

夏天的一个下午，我在火车的车厢里偶然遇到两位朋友，但他们彼此不认识，其中一位是很有名望的同事，而另一位却是我经常去为他看病的显贵家族的子弟，尽管我为他们作了介绍，但旅途中他们还是无法沟通，只是与我进行单独谈话，我只能非常费劲地分别与他们聊天，当时我请那位同事大力推荐一个刚入这行的新手，这位同事说，他信任这个年轻人的能力，但由于他的相貌丑陋很难被人器重，我也附和他说：“正因为这一点，我才认为他确实需要你的帮助。”过了一会儿，我又与另一位攀谈起来，向他询问他叔母（我的一位病人的母亲）的情况，我听说她的身体极度虚弱而卧床不起，就在当天夜里，我做了这样一个梦：我希望能得到帮助的那个年轻人，正在一个华丽的大厅里，周围都是一些有名望的大人物，后来我才知道他们正在参加一个追悼会，而死者正是我在旅途中向那个富家子弟打听的他的叔母（在这个梦里，那个老妇人已经去世了，我承认我与这位老妇人的关系一直都很僵）。就这样，我把日间的两个事件整合在一起形成了一个简单的梦。

无数次这样的经验让我得出这样一个结论：梦总是受制于一种“强制规律”，在这种强制规律制约下，梦把不同的印象结合为一个独立的整体，这种具有综合性的强制规律我并不打算在此详细讨论，这里我们只要知道它是一种“原本精神步骤的凝缩作用”就可以了。下面我们要讨论的问题是，梦的内容的材料来源是否都是最近的印象（一些具有重大意义的事情）或者是那些使梦者本身觉得非常有意义的想法和观念，并且这种印象或是想法可以不受时间的限制，只要一想到这些，就能够促进梦的形成。通过大量的研究和分析，我发现梦的来源纯属一种主观心理的活动，它同当时的精神活动把以往的一些印象变成最近发生的印象。从上面的论述中，我们可以发现梦的来源有以下几种：

一、最近发生的，并且对梦者本人有重大意义的一件事情，可以在梦中得到直观的体现，比如伊玛的梦和我叔叔的梦。

二、最近发生的，并且具有重大意义的几件事，在梦中这些事件往往综合成一个整体，比如，那个年轻人与老妇人的追悼会综合在一起而形成的梦。

三、最近发生的，并且具有重大意义的一件或几件事情，在梦中表现为无关紧要的一个整体，比如，植物学专著的梦。

四、对梦者本人具有重大意义的一些想法观念在梦中表现为另外一种最近发生的无关紧要的事情，在我的病人中，这样的梦为数众多。在梦的解析过程中，我发现一些梦中的内容正是最近发生某些事件的直观表现，而这些内容就有可能与做梦的动机同属某一意念范围内，或者也可能是一个最近发生的无关紧要的想法，通过主观的联想似乎与做梦的动机产生了关联，由于梦对其材料的来源选择十分广泛，所以梦的内容也是千变万化的，在梦的形成过程中，由于移植作用，梦对材料来源产生了一种选择性，这使梦具有了多种不同程度的内容，就像从医学的角度来理解，“人们各种意识形态的变化程度”，通常被认为是脑细胞从不完全活动到完全活动的变化过程。

除了以上提到的梦的四种来源，我们还会发现另外一种来源，一种过去发生的具有重大意义的印象（一系列的想法），在梦中会表现为一件最近发生的但无关紧要的小事，这种情况的出现需具备以下两个条件：第一，梦中的内容与最近发生的事紧密相关；第二，做梦的动机对梦者本身具有重大意义。而我刚才提到的四种来源里，只有第一种能同时符合这两个条件。

现在我们已经知道了那些类似的并不重要的印象，如果是最近发生的话，仍可以成为梦的材料来源，但要是这样的印象被拖延一天或几天，它们就不会再在梦里出现了。这样一来，我们也会认为在梦的形成过程中，印象的“最近性”与该印象所需的情感记忆处于相同的地位。现在我们仍面临这样一个问题，如果一些无关紧要的小事会在梦中出现，它们就必须与最近发生的某件事发生关联，但梦的有些内容却是一些很早以前发生过的事件，这些事件并没有有给我们留下深刻的印象，我们在当时为什么不会忘掉它们，以至于它们会在最近的梦中出现呢？

对于这个问题，我认为可以从那些心理病患者的精神分析中找到答案。那些早先发生的、具有重大意义的事件，在其发生不久后被移植、重排，被替换成了一些无关紧要的小事，并且这个“替代品”也就留在我们的记忆里。换句话说，这些看似无关紧要的小事，其实都是我们心灵里某些意义重大的事件的替代品，否则，它是绝不会在我们的梦中出现的。

通过对大量实例的分析，综合其他学者在这一方面所做的工作，我们发现的第三个特点，梦的内容有时会是我们早已忘却了的儿时的经历，从这样的梦苏醒过来之后，我们根本不可能把梦中出现的所有情景完全记清楚，因此也就无法知道这种类型的梦所发生的频率。我们要想证明儿时的经历，就必须有客观的、合乎情理的证据。在日常生活中，类似的梦例实在是太少了。

莫里曾说过一个非常经典的梦例，这个梦是一个在外漂泊了 20 多年的人想要返回他的家乡，就在临走的那个晚上，他梦到了在一个完全陌生的地方正和一个陌生人交谈，当回到家乡后，他才发现梦中的那个陌生地方正是他的家乡，而那个陌生人正是他已经去世的父亲的一位健在的至交，他还在当地居住。这个梦清晰地重现了他儿时的一些经历。当然，这个梦也反映出他思乡心切。这个梦还可以理解为急切的梦，就像那位将要去听演讲会的姑娘所做的梦，还有将要和她的爸爸一起去旅游的小女孩所做的梦一样，它们都非常直白。可是，做这些梦的动机是什么呢？如果不经过解析，真相是无法得知的。

有一种经常显现的梦，可以不通过解析就能知道它的缘由，比如儿时做过的梦，到了成年后仍会浮现在梦里。虽然我没有做个这样的梦，但我的身边却有一些这样的梦例。一位已经 30 多岁的医生曾对我说，他从小的时候一直到现在，经常会梦见一只黄狮子，而且可以详尽地描绘出梦中的情形，后来他找到了一个被他早已淡忘了的瓷狮子，他的母亲告诉他，这个瓷狮子正是他儿时最喜爱的玩具，但他对此却毫无印象了。通过对此类梦例的解析，我们会发现引起这些梦的愿望及其他的实现均源自儿时的一些经历。所以令我们惊奇的是，在梦中，那段早以流逝的儿时岁月以及当时的所有冲动依然存在着。

我们来重新讨论那个以前提到的很有意思的梦。梦中我的朋友 B 先生变成了我的叔叔。当时我对这个梦的解析结果是我被晋升的愿望得到实现，在梦里我对 B 先生的那种特别的情感被解释成，因为我诋毁了两位同事而表现出来的反驳。梦是我本人的一个梦，而我对这样的解析结果并不满意，所以打算进行更深入的解析。

尽管我在梦中对两位同事进行如此的诋毁，但现实中，我对他们的评价却很高，而且我认为我自己对这晋升的态度并没有达到那种做梦都要惦记的热切程度。假如我真有这样的“上进之心”——这种失态的野心，那么早就该为此感到羞耻和不安了，当然，这只是我自己的观点，也许别人会认为我正是这种富有野心的人吧！就算我是一个有野心的人，这样一个“副教授”的头衔会使我满足吗？可是，这份野心确实在我的梦中表现出来了，它到底是怎么来的呢？

我想到了一件儿时经常听到的事：在母亲生我（我是母亲生的第一个孩子）的那天，一位老婆婆曾对我母亲说：“你的孩子将来一定能成为世上杰出人物。”听到这样的话，再加上一些亲戚的附和，母亲高兴极了。我想，那位老婆婆一定是因为自己没有这样的福气，于是就把她的希冀倾注在新生儿上，于是就对母亲说了这些恭维的话。是否这几句世俗的话语就成为我那“野心”的渊源呢？

我突然又想起一件事来，它发生在我的孩童时期，也许它更有说服力吧！那时我大概有十一二岁，我们一家还在布拉特居住，有一天晚上，全家到常去的一家饭馆吃饭，当时饭馆里有一个贫困潦倒的诗人，他能按照你出的题目即兴作诗，以此讨要糊口的饭钱。当时他正挨着饭桌讨钱，父亲叫我去把他喊来给我们作诗，可是在父亲还没出题目时，他就主动要为我作一首小诗，并且说我将来能当上部长级以上的大官。直到现在，我还记得听到这些话时的那股得意劲儿。几天前父亲带回来几个已经出了名的大学同学的肖像，并挂在客厅里为我们的门厅生辉，在这些出了名的人物里，也包括几个犹太人，也许就是由于这件事，我在入大学前的最后一刻才从法律改成了医学。毕竟一个学医的人是永远不会当上部长的。

现在，我们回到这个梦上来，就会了解到我这样枯燥的日子与那“部长的日子”之间的天壤之别，正是我欠缺这种“年轻时的野心”，至于那两位我素来敬佩的同事，正是因为他们都是犹太人，所以我在梦中以“呆子”、“罪犯”来诋毁他们，这种情形就像我是一个高高在上的手握大权的部长，也许是因为部长没有升我的职，所以我就在这个梦里扮演了这个“部长”的角色，并且做了这些荒唐的事。

经过对梦的深入分析，我们就会发现有许多的梦的材料是儿时经历的，在梦的隐意起源里占有一定的地位。在一般情况下，儿时的经历会隐秘地显现于梦的显意之中，通过仔细的分析后它才会露出真正的面目。但对这种类型的梦进行印证是很难令人信服的，原因是没有任何证据可以证明这些儿时经历的真实性，这种很早以前所发生过的事在记忆里早就变得模糊不清了，所以“儿时印象在梦中重现”这一结论只能通过资料的收集及其分析的结果加以相互印证来证实。

图书在版编目(CIP)数据

惊人的发现.2/舒金元著.—南昌:江西人民出版社,2011.9

ISBN 978-7-210-04936-4

Ⅰ.①惊… Ⅱ.①舒… Ⅲ.①科学知识-普及读物
Ⅳ.①Z228

中国版本图书馆 CIP 数据核字(2011)第190494号

惊人的发现(2)

舒金元 著

江西人民出版社出版发行

南昌正彩印务有限公司印刷

2011年9月第1版 2011年9月第1次印刷

开本:787毫米×1092毫米 1/16 印张:14.25

字数:147千字

ISBN 978-7-210-04936-4 定价:28.5元

赣版权登字-01-2011-232

江西人民出版社 地址:南昌市三经路47号附1号

邮政编码:330006 传真电话:0791-86899190

电话:0791-86899190(编辑部)0791-86898801(发行部)

网址:www.jxpph.com

E-mail:jxpph@tom.com web@jxpph.com